NATIONALPARKS DER WELT

PHILIPPINEN

NATIONALPARKS DER WELT

PHILIPPINEN

Nigel Hicks

KÖNEMANN

Originalausgabe 2000 New Holland Publishers (UK) Ltd

Copyright © 2000 für den Text: Nigel Hicks
Copyright © 2000 für die Fotos: Nigel Hicks, Ausnahmen siehe Bildnachweis auf S. 176
Copyright © 2000 für die Karten: New Holland Publishers (UK) Ltd
Copyright © 2000 New Holland Publishers (UK) Ltd

Titel der Originalausgabe:
The National Parks and other Wild Places of The Philippines

Copyright © 2001 für die deutsche Ausgabe:
Könemann Verlagsgesellschaft mbH
Bonner Str. 126, D-50968 Köln

Für Easy Pic Library GmbH
Übersetzung aus dem Englischen: Dr. Hiltrud Cordes
Lektorat: Helmut Piribauer
Redaktion und Satz: Easy Pic Library GmbH

Projektkoordination: Dorit Esser
Herstellung: Ursula Schümer

Druck und Bindung: Star Standard Industries Pte. Ltd.
Printed in Singapore

ISBN 3-8290-3917-4

10 9 8 7 6 5 4 3 2 1

Anmerkung des Herausgebers:

Die Pflanzen und Tiere werden in diesem Buch zumeist unter ihrem gebräuchlichen deutschen Namen
aufgeführt. Für manche exotischen Arten existieren keine deutschen Begriffe, in diesen Fällen wurden die
englischen Namen belassen. Um Missverständnisse zu vermeiden, ist in vielen Fällen die lateinische
Bezeichnung zusätzlich angegeben. Das Glossar auf S. 172/173 gibt einen Überblick über die Tier- und
Pflanzenwelt auf den Philippinen.
Die abgedruckten Karten dienen lediglich der Orientierung. Für Reisen im Land empfehlen wir,
auf ausführlicheres Kartenmaterial zurückzugreifen.
Alle Informationen in diesem Buch stammen aus zuverlässigen Quellen und sind sorgfältig geprüft.
Für ihre Richtigkeit und Vollständigkeit können wir jedoch keine Haftung übernehmen.

Kartenlegende

━━━━━	Autobahn	Cabugao ◎	Dorf oder Kleinstadt
─────	Hauptstraße	Parkbüro ▢	Allgemeine Information
─────	Nebenstraße	*Palogtok Falls* ●	Sehenswürdigkeit
- - - - -	Weg	*Agusan*	Wasserlauf
MALAYSIA	Staatsgrenze	Mt Bulusan 1559m ▲ (5115ft)	Gipfelhöhe in Metern (in Fuß)
- - - - - - - -	Schutzgebietsgrenze	✈	Internationaler Flughafen
Manila ◎	Großstadt	✦	Binnenflughafen

S. 1: Ein winziger Philippinenkoboldmaki
S. 2–3: Siargao Island, Mindanao
S. 4–5: Eine der zehn Batanes-Inseln bei Ebbe
S. 6–7: Zentralkordillere auf Nordluzon
S. 8–9: Sonnenuntergang im Calauit Island Wildlife Sanctuary, Palawan.

INHALT

VORWORT

1991 wurde ein Konzept fertig gestellt, das die Richtlinien für die Tourismusentwicklung der Philippinen bis zum Jahr 2010 festlegt. Zu den Zielen gehört die Entwicklung des Tourismus auf der Basis von Umweltverträglichkeit und Nachhaltigkeit.

Noch vor einem Jahrzehnt waren die Philippinen in Gefahr, aufgrund massiver Rodungen und Dynamitfischerei einen Großteil ihrer Regenwälder und Korallenriffe zu verlieren und damit den natürlichen Schatz des Landes, nämlich die artenreiche Flora und Fauna, unwiederbringlich zu dezimieren. Im In- und Ausland entstanden Naturschutzinitiativen, die den ökologischen Abwärtstrend aufzeigten und Programme zum Schutz der Ökosysteme entwickelten. Ein enormer Kraftaufwand sowohl von Seiten der Regierung als auch von Umweltschutzvereinigungen ist nötig, um dieses gewaltige Unternehmen zum Erfolg zu führen.

Ich freue mich, das Vorwort zu diesem interessanten Buch beisteuern zu können, das den Leser mit seinen wunderbaren Fotografien und ausführlichen Informationen durch die Nationalparks und naturbelassenen Regionen der Philippinen führt. Das Buch trägt dazu bei, die Gefahren, die unsere natürlichen Ressourcen bedrohen, in der Öffentlichkeit bewusst zu machen und es zeigt Möglichkeiten auf, wie unsere kostbare Umwelt für zukünftige Generationen geschützt werden kann.

Ich beglückwünsche Nigel Hicks zu seinen ausgezeichneten Fotos und seinen gründlich recherchierten Beiträgen zur biogeografischen Entwicklung der Philippinen sowie Jack Jackson zu seinen farbenprächtigen Unterwasserfotos, und ich gratuliere dem Verlag zur Herausgabe eines der besten Bücher zur Artenvielfalt der Philippinen.

G.Caraneta

Gemma Cruz-Araneta
Minister für Tourismus

EINLEITUNG

Die Philippinen sind eine ausgedehnte Inselwelt am östlichen Rand Asiens; in ihrem Westen liegt das Südchinesische Meer, und östlich erstrecken sich die Weiten des Pazifischen Ozeans. Die Landschaften sind zerklüftet, auf den meisten Inseln türmen sich Gebirge und Vulkane auf, deren Abhänge in dichte Regenwälder eintauchen, und die Küsten sind von Mangroven und Korallenriffen gesäumt. Während auf Meereshöhe tropische Temperaturen herrschen, wird in den Bergen mit zunehmender Höhe das Klima gemäßigter; tagsüber ist es kühl, nachts kann es empfindlich kalt werden.

Da die Philippinen aus dem Meer emporgehoben wurden, waren die meisten Inseln niemals mit dem asiatischen Festland verbunden und haben deshalb eine eigene, einzigartige Flora und Fauna entwickelt. Viele Lebensformen der küstennahen Korallenriffe dagegen ähneln denjenigen, die man in großen Teilen der Indopazifischen Region antrifft. Dennoch zählt die Riff-Fauna der Philippinen mit bisher mehr als 400 identifizierten Korallenarten zu der artenreichsten der Welt.

Die unterschiedlichen Schutzgebiete bergen eine Vielzahl von Vegetationszonen, von hohen Berggipfeln bis zu Korallenriffen und von rauen Vulkanhängen bis zu dichten Regenwäldern. Viele Regionen beheimaten ungewöhnliche Arten, so etwa die farbenprächtigen Seefächer der Korallenriffe, den mächtigen Almagica-Baum und den Philippinenadler der Regenwälder.

Ein weitläufiger Archipel

Die philippinischen Inseln erstrecken sich in nord-südlicher Richtung über mehr als 1200 km und an ihrer breitesten West-Ost-

Links: *Der dichte Regenwald am Mount Kitanglad, Mindanao, ist ein bevorzugtes Jagdgebiet des Philippinenadlers.*

Oben: *Der bedrohte Blaunackenpapagei gehört zu den vielen auf den Philippinen endemischen Vogelarten.*

Ausdehnung über 750 km. Es gibt keinerlei Grenzen auf dem Festland; die in kürzester Distanz zu den Nachbarländern gelegenen Inseln sind die Batanes-Inseln im äußersten Norden, die knapp 200 km von Taiwan entfernt sind, weiterhin die Insel Tawi-Tawi ganz im Süden, die nur 35 km vor der Küste von Borneo liegt und schließlich die Insel Balabac an der Südspitze von Palawan, die etwa 50 km von der Nordküste Borneos trennen.

Der Archipel soll aus 7107 Inseln bestehen, aber die Hälfte hiervon ist zu klein, um überhaupt einen Namen zu besitzen. Die zehn größten Inseln stellen über 90 % der Landmasse von 300 000 km², und hiervon wiederum entfallen zwei Drittel auf Luzon im Norden und Mindanao im Süden. Zwischen diesen beiden Inseln liegen mehrere Gruppen kleinerer Inseln, die die Sammelbezeichnung Visayas tragen, während sich im Norden die zerklüftete Insel Mindoro anschließt. Die westliche Begrenzung des Landes bildet die längliche, dünn besiedelte Insel Palawan, die noch wild und unberührt ist.

Die biogeografische Entwicklung der Philippinen

Man nimmt an, dass die Philippinen vor 50 Millionen Jahren entstanden, als Inseln, die weit östlich und südlich der heutigen Position des Landes lagen, von der driftenden australasiatischen tektonischen Platte allmählich nach Nordwesten geschoben wurden. Als diese Inseln auf die eurasische Kontinentalplatte stießen, wurden durch den zunehmenden Druck, in einer Kombination aus vulkanischer Tätigkeit und Anhebung der Landmassen, die Philippinen geformt.

Dieser Prozess dauert bis heute an: Dadurch, dass die kleine, philippinische Platte noch immer von den wesentlich größeren eurasischen und australasiatischen Platten zusammengepresst wird, werden die Berge des Landes immer höher aufgefaltet, was mit häufigen Erdbeben und Vulkanausbrüchen einhergeht. Die schätzungsweise 200 Vulkane der Philippinen, von denen 22 gegenwärtig als aktiv eingestuft sind, beherrschen das Antlitz des Landes.

Zwei Inseln wurden vermutlich nicht durch die Kontinentaldrift aus dem Meer gehoben: Palawan und Mindoro. Man nimmt an, dass Palawan einst mit dem südchinesischen Festland verbunden war, bevor die Insel vor 17–40 Millionen Jahren begann zu ihrer jetzigen Position zu wandern. Das nördliche Drittel von Mindoro legte wahrscheinlich dieselbe Reise zurück, während der südliche Teil von Borneo herüberdriftete.

Die lange Isolation der philippinischen Inseln hat zur Entwicklung einer artenreichen Flora und Fauna geführt. Selbst innerhalb des Landes waren viele Inselgruppen so lange voneinander isoliert, dass sich zwischen den einzelnen Arten erhebliche Unterschiede herausgebildet haben. Niedrige Meeresspiegel während verschiedener aufeinander folgender Eiszeiten ermöglichten zwischen einigen Inseln einen Austausch von Pflanzen- und Tierarten, während andere Inseln zu keiner Zeit miteinander verbunden waren. Die letzte Eiszeit liegt 15 000–20 000 Jahre zurück; damals lag der Meeresspiegel um die Philippinen rund 120 m unter dem heutigen Wasserstand, und das Land bestand aus fünf Hauptinseln. Obwohl der heutige, höhere Meeresspiegel diese Inseln zu Gruppen von kleineren Inseln zerteilt hat, kann man ihre ursprüngliche Form darstellen, indem man auf der Landkarte alle Regionen markiert, deren Gewässer nicht tiefer als 120 m sind. Die fünf auf diese Weise identifizierbaren Gebiete werden als Großräume der philippinischen Tierwelt betrachtet.

Dies sind Groß-Luzon (das den größten Teil der Nordhälfte des Landes umfasst), Mindoro, Palawan, Groß-Mindanao (bestehend aus Mindanao sowie Bohol, Samar und Leyte der Visayas-Gruppe) sowie die Westlichen und Zentralen Visayas (auch bekannt als Fauna-Großregion Negros-Panay, bestehend aus den Inseln Panay, Negros, Guimaras, Cebu und Masbate). Mehrere kleine Inselgruppen behielten auch während der Perioden mit niedrigem Wasserspiegel ihren Inselcharakter und stellen daher eigene biogeografische Zonen dar. Hierzu zählen die Sulu-Inseln im Süden, die Batanes-Inseln im Norden und die zu den Visayas gehörende Insel Sibuyan.

Palawan unterscheidet sich recht deutlich von den anderen Landesteilen der Philippinen; seine Pflanzen- und Tierwelt ist eng mit derjenigen Borneos verwandt. Der Grund hierfür ist, dass beide Inseln einst durch eine Landbrücke verbunden waren und dass hier die so genannte Wallace-Linie verläuft. Diese weltweit äußerst wichtige biogeografische Linie, die Palawan von den übrigen Philippinen trennt, ist nach ihrem Entdecker, einem britischen Biologen des 19. Jahrhunderts, benannt. In grober Nord-Süd-Richtung verlaufend, markiert sie die Grenze zwischen asiatischen Arten im Westen (einschließlich Palawan) und einer fortschreitend stärker australasiatisch geprägten Flora und Fauna im Osten. Der größte Teil der Philippinen liegt unmittelbar östlich dieser Linie und befindet sich oberhalb einer Region, die als Wallacea bezeichnet wird – ein Übergangsgebiet, das in Flora und Fauna sowohl asiatische als auch australasiatische Charakteristika aufweist. Einige auf den Philippinen heimische Pflanzen- und Tierarten stammen aus Sulawesi, das in der Wallacea-Zone liegt, andere kamen aus Borneo über Palawan ins Land, und einige wanderten aus Nordostasien via Taiwan und die Batanes-Inseln ein, sodass die Flora und Fauna des Landes insgesamt von bunt gemischter Herkunft ist.

Eine einzigartige Flora und Fauna

Das Ergebnis dieser komplexen biogeografischen Geschichte ist eine einzigartige Pflanzen- und Tierwelt, die die Philippinen zu einem »Hot Spot« des Artenreichtums macht. Von den 556 Vogel-

Unten: Wasser ist ein prägendes Element des Archipels; man findet eindrucksvolle Wasserfälle wie die Katibawasan-Fälle auf der Insel Camiguin, Mindanao (links), und Buchten mit kleinen Inseln wie El Nido auf Palawan (rechts).

arten des Landes kommen 44 % ausschließlich hier vor – sie sind also endemisch –, und bei den Säugetieren sind sogar 111 von 180 Arten, d. h. 67 %, endemisch. Noch höher liegt die Zahl bei Reptilien, Amphibien und Höheren Pflanzen: Schätzungsweise 75 % sind endemische Arten. Abgesehen von der Vogelwelt wurde erst vor kurzem damit begonnen, die Flora und Fauna systematisch zu studieren, mit dem Ergebnis, dass neue Arten hier schneller als in jedem anderen Land der Welt entdeckt werden mit Ausnahme des flächenmäßig weitaus größeren Brasilien.

Die meisten Säugetiere sind relativ klein; vorherrschend sind Fledermäuse und kleine Nagetiere, von denen einige extrem kleine Verbreitungsgebiete haben. Eines der wenigen größeren Säugetiere ist der Tamarau, ein Zwergbüffel, der nur auf Mindoro vorkommt. Weitere Säuger sind der Philippinenkoboldmaki, der kleinste Primat der Welt, und der Philippinen-Gleitflieger – zwei endemische Arten, die nur in Groß-Mindanao (Mindanao und angrenzende Inseln) vorkommen. Weiterhin gibt es unterschiedlich weit verbreitete Hirscharten, von denen die Heimat des Prinz-Alfreds-Hirsches auf die Inseln der Negros-Panay-Region beschränkt ist, sowie etliche Wildschweinarten, die ebenfalls zumeist nur in sehr eng begrenzten Gebieten vorkommen.

Auf Palawan findet man Säugetiere, die auch in anderen Gebieten Südostasiens beheimatet sind, so etwa den Binturong oder Bärenmarder, den Zwergotter und Kantschile; diese Tiere kommen jedoch in keiner anderen Region der philippinischen Inseln vor.

Das eindrucksvollste aller endemischen Tiere des Landes ist zweifellos der Philippinenadler, der mit einer Größe von mehr als einem Meter der zweitgrößte Adler der Welt ist; nur die südamerikanische Harpyie übertrifft ihn an Gewicht. Heute findet man ihn noch in den unzugänglicheren Wäldern von Nordluzon, Samar und Mindanao.

Rund um die Küsten erstrecken sich Korallenriffe mit einer geschätzten Gesamtfläche von 34 000 km², die mehr als 450 Korallen- und etwa 400 Fischarten beherbergen. Ein gesundes Riff ist ein komplexes System von Korallen, in dem die unterschiedlichsten Arten von riesigen felsenartigen Gebilden bis hin zu winzigen, zerbrechlichen Bäumchen vertreten sind. Ein gewaltiges Aufgebot an Fischen aller Farbschattierungen nutzt das Riff als Unterschlupf und Nahrungsquelle. In Riffen, die an tiefe Gewässer angrenzen, trifft man häufig auf große Schwärme, darunter Barrakudas, Makrelen, Stachelmakrelen und Haie. Einige entlegenere Riffe werden auch von Meeresschildkröten aufgesucht, während man Wale und Delphine in den tiefen Gewässern der offenen Meere antrifft. Vorwiegend rund um Palawan sind kleine Populationen von Dugongs oder Seekühen heimisch, merkwürdig aussehenden Meeressäugern, die sich von Seegras ernähren.

Schutzmaßnahmen für die Naturschätze

Fast die gesamte Landflora und -fauna der Philippinen ist an ein Leben im Regenwald angepasst, und daher hängt ihr Überleben von der Existenz gesunder Wälder ab. Das Land hatte in den frühen 1930er-Jahren als eines der ersten in Asien ein System von Schutzgebieten etabliert, aber die massiven Rodungen, die nach dem Zweiten Weltkrieg begannen, schenkten den Parkgrenzen kaum Beachtung. In den späten 1980er-Jahren waren die alten Waldbestände auf geschätzte 24 000 km² zusammengeschrumpft – weniger als 10 % des Waldes, der vermutlich gegen Ende des 19. Jahrhunderts die Philippinen bedeckte.

Nun wurde internationalen Wissenschaftlern und Naturschützern bewusst, welch immenser Schatz an Artenvielfalt auf den Philippinen für immer zu verschwinden drohte. Man beschloss, in

Unten: *Die Mehrheit der Bevölkerung lebt an den Küsten; Fischerboote, wie hier vor Panay (links),* trifft man deshalb überall. Mangroven sind *vielerorts weitgehend zerstört, aber in Baclayon auf Bohol (rechts)* und an *anderen Orten bemüht man sich jetzt um ihre Wiederherstellung.*

allen Fauna-Großregionen des Landes repräsentative Bereiche für jeden Lebensraum unter Schutz zu stellen. Die Programme begannen mit dem Tauschhandelmodell »debt-for-nature« (Schulden gegen Natur): Gegen den Erlass von Schulden des Landes wurden im Austausch einige wichtige Schutzgebiete dem World Wide Fund for Nature (WWF) anvertraut. 1992 folgte ein landesweites Holzeinschlagverbot.

Zehn besonders bedeutende Gebiete in verschiedenen biogeografischen Zonen, denen höchste Priorität beigemessen wurde, erhielten finanzielle Unterstützung von der Weltbank. Weitere acht Gebiete wurden ausgewählt, um im Rahmen des National Integrated Protected Areas Programme (NIPAP) von einer Initiative der Europäischen Union betreut zu werden. Diese 18 Areale bilden nun das Rückgrat für ein landesweites System von Naturschutzgebieten (Integrated Protected Areas System, IPAS). Daneben gibt es eine Vielzahl weiterer Areale, die noch aus der Zeit des alten Systems von Schutzgebieten stammen und von denen viele immer noch schützenswert sind. All diese Schutzgebiete werden vom Protected Areas and Wildlife Bureau (PAWB), einer Abteilung des Ministeriums für Umwelt und Natürliche Ressourcen (DENR), verwaltet.

Obwohl Palawan in das IPAS-Programm integriert ist, wurde für diese Insel ein eigenes Schutzzonensystem entwickelt. Dies ist das Resultat einer UNESCO-Initiative, die die gesamte Provinz 1990 zum Biosphären-Reservat erklärte. Dies ebnete den Weg zur Gründung des Netzwerkes ECAN (Environmentally Critical Areas Network), das wiederum die wichtigsten Bereiche der Insel unter Schutz stellte. Die Verwaltung untersteht zum größten Teil dem Palawan Council for Sustainable Development (PCSD), einem staatlichen Organ.

An den Küsten wurden etliche größere Korallenriffe in das IPAS-System bzw. in das ECAN-Netzwerk von Palawan integriert. Zusätzlich haben im ganzen Land Kooperativen von Fischern, lokalen Regierungen und Umweltgruppen Meeresreservate etablieren können. Zwar dienen diese in erster Linie zur Verbesserung der Fangergebnisse der örtlichen Fischer, doch versucht man, dies durch Schutzmaßnahmen, nämlich Wiederherstellung zerstörter und überfischter Korallenriffe, zu erreichen.

Die Bevölkerung der Schutzgebiete

Viele Naturschutzgebiete sind von Dorfgemeinschaften besiedelt oder umgeben. Mehrheitlich sind dies Dörfer christlicher Tiefland-Filipinos, aber in entlegenen und gebirgigen Regionen findet man auch Siedlungen einer oder mehrerer Gruppen der etwa 30 kulturellen Minderheiten der Philippinen. In Luzon leben ethnische Gruppen, die unter der spanischen Fremdbezeichnung »Negrito« bekannt sind. Sie führen ein noch größtenteils nomadisches Leben in den Wäldern.

Andere Ethnien, denen man möglicherweise in den Schutzgebieten begegnen wird, sind die Ivatan auf den Batanes-Inseln, die Monobo in Südostmindanao, die Mangyan auf Mindoro und die Tagbanua in Nordpalawan. Alle bedienen sich eigener Sprachen und pflegen eigene kulturelle Traditionen, und sie betrachten ihr Siedlungsgebiet als das Land ihrer Ahnen; dies musste bei der Etablierung des IPAS-Systems berücksichtigt werden.

Besuche in den Schutzgebieten

Ein Besuch in einem Naturschutzgebiet des Landes gleicht einem Schritt zurück in eine urzeitliche Welt dichter Wälder, deren knorrige Bäume üppig mit Farnen, Orchideen und Moosen bewach-

Unten: *Die ungewöhnliche und artenreiche Tierwelt umfasst den allgegenwärtigen Langschwanzmakak (Mitte), den seltenen Weißflügel-Flughund (links) und den Philippinenadler (rechts).*

sen sind. Die Regenwälder liegen meist an den steilen Hängen von Vulkanen, von denen einige erloschen sind, andere aber ununterbrochen qualmen und jederzeit auszubrechen drohen. Für Bergsteiger sind viele Vulkane eine lohnende Herausforderung.

An den Küsten laden Korallenriffe zu Besuchen von Tauchplätzen ein, die mit ihrem vielfältigen Unterwasserleben zu den besten Südostasiens zählen. An den am besten zugänglichen Riffen operieren gut ausgerüstete Tauchstationen.

Die in diesem Buch vorgestellten Schutzgebiete sind alle von großer Bedeutung für die Arterhaltung, und sie wurden entsprechend der fünf Fauna-Großräume des Landes in Kapitel zusammengefasst. Sie sind alle öffentlich zugänglich, wobei für einige Gebiete Genehmigungen erforderlich sind. Während in den meisten Meeresschutzgebieten gut organisierte Tauchstationen Übernachtungsmöglichkeiten anbieten, sind die Schutzgebiete auf dem Festland häufig eher spartanisch ausgestattet, obwohl in vielen Parks Pläne zum Ausbau des Ökotourismus bestehen.

Zwar sind in den meisten Wäldern Wanderwege angelegt, aber da gewöhnlich keine Markierungen vorhanden sind, sollte man unbedingt die Dienste eines lokalen Führers in Anspruch nehmen. Schriftliches Informationsmaterial ist nur in den wenigsten Fällen vorhanden, die Mitarbeiter in den Park-Büros sind jedoch in der Regel hilfsbereit und können fast immer einen Führer vermitteln. In Gebieten, in denen aktiv für das Bergsteigen geworben wird, können meist auch die örtlichen Tourismusbüros weiterhelfen.

Tierbeobachtungen und andere Aktivitäten

Es ist nicht einfach, in den geschützten Waldgebieten Säugetiere und Vögel zu sichten. Die Vegetation ist gewöhnlich sehr dicht, und die meisten philippinischen Tiere sind sehr klein. Waldvögel beobachtet man am besten in den frühen Morgenstunden auf Lichtungen. Fast jeder Besucher der Wälder von Mindanao und Nordluzon träumt davon, einen Philippinenadler zu Gesicht zu bekommen, obwohl die Chancen hierfür sehr gering sind. Glücklicherweise bietet das Philippine Eagle Nature Center in der Nähe von Davao die Gelegenheit, diesen herrlichen Vögeln sehr nahe zu kommen. Noch schwieriger ist es, andere Säugetiere als Javaneraffen zu beobachten, doch mit Hilfe eines einheimischen Führers kann man beispielsweise die Tagesschlafplätze von Flughunden aufspüren.

Die Suche nach bestimmten Pflanzen führt den Besucher naturgemäß sehr nah an sein Objekt heran. Hierfür sind eine besondere Aufmerksamkeit für Details und etwas Übung erforderlich; mit der Zeit treten Orchideen, ungewöhnliche Farne, Kannenpflanzen und farbenprächtige Pilze wie von selbst aus dem dichten Gestrüpp hervor.

Ganz anders verhält es sich mit der Unterwasserwelt. Unvermittelt sieht man sich Auge in Auge mit einer Fülle an Lebensformen wie Korallen, Seesternen, großen und kleinen Fischen, Hummern – und kaum einer flieht vor der Annäherung des Menschen.

Zum Schönsten, was der Besuch eines Naturschutzgebietes der Philippinen zu bieten hat, gehört das Naturerlebnis in all seiner Vielfalt von Bergwäldern über Mangroven und Sümpfe bis hin zu Riffen und Koralleninseln. Alle Lebensformen von den winzigen Krebsen und Spinnen bis hin zu Walen und gigantischen Bäumen sind Bestandteil des unendlichen Formenreichtums unseres Planeten. Wer diese Erfahrung gemacht hat, wird mehr denn je davon überzeugt sein, dass wir diese Schätze für immer erhalten müssen.

Unten: Die meisten Inseln sind durch die stark wachsende ländliche Bevölkerung (links) *dicht besiedelt, aber an den Küsten finden sich auch einsame Palmenstrände* (Mitte) *und unberührte Korallenriffe* (rechts).

Nationalparks und andere Schutzgebiete der Philippinen

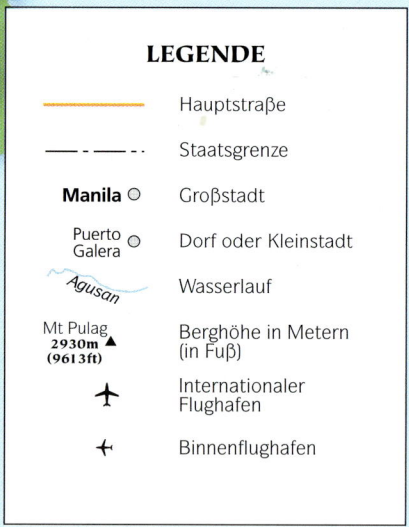

LEGENDE

——	Hauptstraße
– · – · –	Staatsgrenze
Manila ⊙	Großstadt
Puerto Galera ○	Dorf oder Kleinstadt
Agusan	Wasserlauf
Mt Pulag 2930m ▲ (9613ft)	Berghöhe in Metern (in Fuß)
✈	Internationaler Flughafen
✈	Binnenflughafen

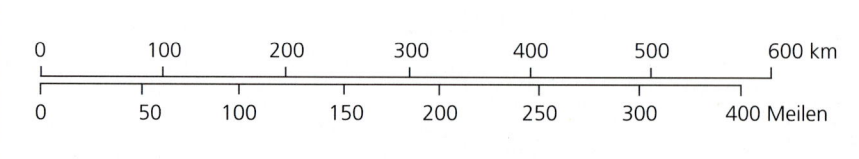

MALAYSIA

PHILIPPINISCHES MEER

SÜDCHINESISCHES MEER

Itbayat Island

Batanes Islands
Protected Landscapes
& Seascapes ①
Batan Island

Babuyan Islands

Babuyan Channel

Laoag

Aparri

LUZON

Vigan
Tuguegarao

San Fernando

Ilagan
Banaue
② Palanan Point
Northern Sierra
Madre Natural Park

Cauayan

Mt Pulag
National Park ③
Baguio

Dagupan

Baler Bay

Tarlac

Dingalan Bay

Clark International Airport
Angeles
Subic International Airport
Olongapo
Subic Watershed
Forest Reserve ⑤
Mariveles

Polillo Islands

Bataan Natural Park
Manila
Ninoy Aquino International Airport

Calagua Islands

Los Banos
Laguna
de Bay
Daet
Mt Isarog
National Park
Catanduanes Islands

Nasugbu
Mt Makiling
Forest Reserve ⑥

**LUZON-
SEE**

Batangas
Puerto Galera
Puerto Galera Marine Reserve ⑩
Mt Malasimbo ⑪
Sablayan Watershed Forest Reserve
Sablayan ⑫
Apo Reef Marine Natural Park
Calauit Island Wildlife Sanctuary ㉝

Marinduque
Island
Boac

Naga
⑧

Virac

Calapan
⑨ Mt Halcon
Pinamalayan
MINDORO
Roxas

SIBUYAN-
SEE
Burias
Island

Legazpi
Sorsogon
Bulusan Volcano
National Park ⑦

Busuanga Island
Coron
Culion Island
㉜ Coron Island

San José

Sibuyan Island &
Mt Guiting Guiting
⑭ Natural Park

MASBATE

Calbayog

Linapacan Island

Kalibo
Roxas

**VISAYAN-
SEE**

SAMAR

Sohoton
㉒ National Park

El Nido
El Nido Marine Reserve ㉞

Taytay

Dumaran Island

San José de
Buenavista
PANAY
Iloilo

Ormoc
Tacloban

LEYTE
Golf von
Leyte

Siargao Island
Protected Landscapes
& Seascapes

St Paul's Underground
River National Park
㉛

Northern Negros
Forest Reserve
Bacolod
San Carlos
⑮
Mactan International Airport
Olango Wildlife Sanctuary
Cebu

Puerto Princesa

Mt Kanlaon
Natural Park ⑯
Golf von Panay

CEBU
⑳
Talibon
㉗

Quezon

PALAWAN

Tubbataha Reef
National Marine Park
㊿

Kabankalan
Danjugan Island
Marine Reserve & ⑰
Wildlife Sanctuary

PESCADOR Island
Pescador Island ㉑
Marine Reserve
Balicasag Island ㉔
Marine Reserve
NEGROS
Tagbilaran
㉓
BOHOL
Rajah Sikatuna
National Park

Surigao

PALAWAN PASSAGE

Bugsuk Island

Balabac Island

Southern Negros
Forest Reserve ⑱
Apo Island Protected ⑲
Landscape & Seascape

Dumaguete
Siquijor
Island

**BOHOL-
SEE**

Camiguin
Island

Butuan

SULU SEE

Cagayan Sulu Island

Dipolog

Mt Malindang
National Park ㉙
Ozamis

Iligan
Bay

Cagayan de Oro

Aguusan

Agusan Marsh
Wildlife Sanctuary

Kudat

Pagadian

Iliana
Bay

Malaybalay

㉖
Mt Kitanglad
Range Natural Park

㉘

MINDANAO

Kota Kinabalu
Sandakan

Cotabato

Davao
Davao International Airport
Mati

Bingkor

SABAH

Zamboanga

Golf von
Moro

Mt Apo
㉙ Natural Park

Golf von
Davao

Weston

Basilan Island

Jolo

General Santos

Tungku

Sulu

MINDANAOSEE

**Tawi-
Tawi**
Bongao

Sulu Islands

CELEBESSEE

LUZON

Mit einer Fläche von etwa 105 000 km² ist Luzon die größte Insel der Philippinen. Der Norden der Insel bildet die Hauptlandmasse, während sich der südliche Teil in Form einer langen Halbinsel nach Südosten erstreckt; diese Halbinsel wird Bicol genannt. Weiterhin gehören zu Luzon viele Inselgruppen, so etwa die Polillo-Inseln vor der Ostküste, die Catanduanes-Inseln vor Bicol und die Batanes-Inseln im äußersten Norden.

Der Süden besteht aus der Region Calabarzon und der langen Halbinsel Bicol. Vier aktive und zahlreiche erloschene Vulkane weisen auf den vulkanischen Ursprung der Region hin. Der Norden umfasst zwei weitläufige Ebenen und drei größere Gebirge, nämlich die Zambales Mountains, die Zentralkordillere und die Sierra Madre. Während die Zambales Mountains parallel zur Westküste verlaufen, bedeckt die Zentralkordillere weite Bereiche des zentralen und westlichen Nordens. Viele Berge sind höher als 2000 m, so auch der höchste Berg der Insel, der mit Pinienwäldern bewachsene Mount Pulag. Die wilde und abgelegene Sierra Madre erstreckt sich über eine Länge von etwa 500 km entlang der Ostküste und umfasst große Regenwaldgebiete.

Die Schutzgebiete von Luzon sind hauptsächlich bewaldete Bergregionen mit Ausnahme der weit vor der Nordküste gelegenen Batanes-Inseln. Auf dem Festland ist das landesweit größte Naturschutzgebiet, der Northern Sierra Madre Natural Park, von schwer zugänglichen Küstenwäldern gesäumt. Das Gebiet Cordillera Central Mount Pulag ist ein ausgezeichnetes Terrain für Bergtouren. Am südlichen Ende der Zambales Mountains liegt der Subic Watershed Forest, einer der letzten Tiefland-Dipterokarpazeen-Regenwälder von Luzon und eines der besten Gebiete des Landes für Tierbeobachtungen. Im Südteil von Luzon erstrecken sich mehrere geschützte Vulkanregionen, von denen hier die Bergregionen Makiling, Isarog und Bulusan vorgestellt werden.

Batanes Protected Landscapes & Seascapes

Ein unwegsamer Außenposten

Lage: Etwa 290 km nördlich von Aparri, dem nördlichsten Ort auf Luzon, und 190 km südlich von Taiwan.

Klima: Keine ausgesprochene Trockenzeit; von März bis Mai gewöhnlich am sonnigsten. Von Dezember bis Februar ist es kühler, aber es kann auch ziemlich feucht sein. Zwischen Juni und November fegen toben häufig Taifune.

Beste Reisezeit: Nur von März bis Mai ist der Besuch der Inseln gewährleistet. Ansonsten ist die Zugänglichkeit sehr unterschiedlich und hängt von den Wetterverhältnissen ab.

Anreise: Dreimal wöchentlich Flüge mit Laoag Airlines von Manila nach Basco (umsteigen in Laoag oder Tuguegarao in Nordluzon); keine Fährverbindung.

Genehmigungen: Nicht erforderlich.

Ausrüstung: Feste Wanderschuhe, regen- und winddichte Kleidung, Fernglas für Vogelbeobachtung.

Einrichtungen: Unterkunft in Basco in drei einfachen Gästehäusern. Es gibt wenig öffentliche Transportmittel auf Batan, aber einige Jeepneys können angemietet werden. Fährverbindung von Ivana an der Südspitze von Batan nach Sabtang; keine regelmäßige Verbindung nach Itbayat. Es stehen einheimische Führer zur Verfügung: im Gästehaus oder bei der Verwaltung des Naturschutzgebietes in Basco fragen.

Flora und Fauna: Verschiedene Vögel, besonders in Waldgebieten. Der Graugesichtbussard ist während der Zugvogelsaison zu sehen. Interessante Blumen an den Küsten, im Inland kommt die Voyavoy-Palme häufig vor.

Aktivitäten: Landschaftsfotografie, Vogelbeobachtung, Wandern.

Zu den abgelegensten Gebieten des Landes gehören die Batanes-Inseln, die fast 300 km nördlich vom philippinischen Festland und weniger als 200 km südlich von Taiwan liegen. Von stürmischen Gewässern umgeben, mit dem Südchinesischen Meer im Westen und dem Pazifischen Ozean im Osten, sind die Inseln für ihre schroffe Schönheit bekannt: Nackte Klippen wechseln mit steinigen Stränden ab, und im Inland herrschen Weideland und Wälder vor.

Von den insgesamt zehn Inseln sind nur drei bewohnt: Batan, Sabtang und Itbayat. Die Batanes-Inseln haben eine Gesamtfläche von 23 000 ha und sind von einem Wasserterritorium von schätzungsweise 450 000 ha umgeben. Sie stellen die kleinste Provinz der Philippinen dar und zugleich die einzige, die komplett als

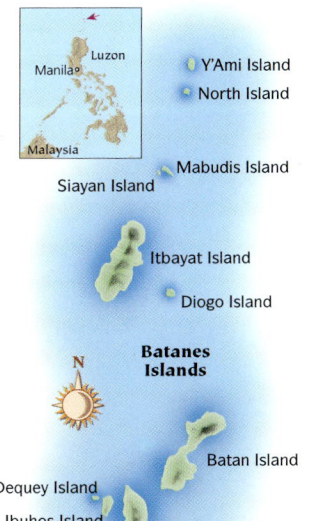

Gegenüber oben: Der Mount Iraya, einer von 22 aktiven Vulkanen des Landes, ragt im Norden der Insel Batan auf.

Gegenüber unten: Bei Batan, der Hauptinsel der Batanes-Gruppe, zeichnen sich Felsen im Meer als Silhouette vor der untergehenden Sonne ab.

Oben rechts: Ein Bauer auf Sabtang trägt den kanaye *genannten Umhang aus Palmenfasern als Regenschutz.*

Seite 18: Der Malabsay-Wasserfall im dichten Regenwald von Südluzon ergießt sich über die Hänge des Mount Isarog.

Seite 19: Eine schillernde Kleinlibelle glitzert in der Feuchtvegetation des Bataan Natural Park.

Schutzgebiet ausgewiesen ist. 1994 wurde die Inselgruppe wegen ihrer eindrucksvollen Landschaften, bedeutenden Fauna und einzigartigen Kultur unter Schutz gestellt. Sie ist eines von landesweit zehn Gebieten höchster Priorität, die in einem von der Weltbank finanzierten System von Naturschutzgebieten (Integrated Protected Areas System, IPAS) zusammengefasst sind.

Landschaften von wilder Schönheit

Die Hauptinsel Batan ist 19 km lang und kaum 5 km breit. Hügelketten ziehen sich über die Insel, die im Norden von dem Vulkan Iraya (1008 m) beherrscht wird. Zu seinen Füßen liegt die Provinzhauptstadt Basco auf dem begrenzten flachen Gelände, das die Insel zu bieten hat. Im Süden bildet der Mount Matarem (459 m) den zweithöchsten Punkt der Insel.

Die Küste von Batan besteht aus Klippen und steinigen Buchten, in denen sich bisweilen kleine Bauerndörfer angesiedelt haben. Einer der interessantesten Strände liegt bei San Joaquin in der Valugan Bay, wo große, fast perfekt runde Felsbrocken aufgereiht am Ufer liegen.

Vor der Südwestküste von Batan liegt die viel kleinere Insel Sabtang, die eine ähnliche Küstenlandschaft hat, aber im Innern mit steilen Hügeln bedeckt ist. Im Norden liegt Itbayat, die größte Insel der Batanes, die dünn besiedelt ist und nur selten besucht wird. Da natürliche oder künstliche Häfen fehlen, und da die Insel von Steilküsten umgeben ist, gibt es kaum Anlegestellen. Besuche sind nur bei sehr ruhigem Wetter möglich.

Regionen von 200–500 m wächst immergrüner Tiefland-Regenwald, während sich in höheren Lagen zwischen 500 und 800 m Bergregenwald entwickelt hat. In Höhen über 800 m findet man nur noch Grasland.

Die Inseln, besonders die Waldgebiete, sind ein wichtiger Abschnitt auf der ostasiatischen Zugvogelstrecke. Besonders im April und im Oktober besuchen Vogelschwärme auf ihren Flügen nach Norden bzw. Süden die Batanes-Inseln. Die größten Schwärme kommen im Oktober, doch leider sind zu dieser Zeit die Inseln wegen schlechter Wetterverhältnisse häufig nicht zugänglich. Während der Aprilwanderungen sieht man nicht so viele Vögel, ein regelmäßiger Besucher ist aber der Graugesichtbussard auf seinem Weg nach Taiwan und Japan.

Oben: Diese Begonienart blüht an der Küste der Mananioy Bay in Ostbatan.

Lebensräume und Tierarten

Aufgrund ihre gesonderten Lage weitab vom philippinischen Festland bilden die Batanes-Inseln eine eigene biogeografische Zone mit einer Flora und Fauna, die sich im Übergangsbereich zwischen den Philippinen und Taiwan bewegt. Von der natürlichen Vegetation des Inselinnern, immergrünem Tiefland-Regenwald, sind heute noch 6000 ha erhalten, was einem Viertel der gesamten Landfläche entspricht.

Die größten Wälder gedeihen auf Itbayat und im Westen von Sabtang, doch beide Regionen sind bisher kaum erforscht. Auf Batan gibt es zwei Wälder an den Hängen der Berge Matarem und Iraya. Der Wald am Mount Iraya ist größer und besser erhalten, aber die Bäume sind hier wegen der starken Winde kleinwüchsiger. In den tieferen

Unten: Ein Schmetterling im Tiefland-Regenwald am Fuß des Mount Iraya, Batan.

Die Bewohner der Batanes-Inseln

Die 15 000 Einwohner der Inseln gehören fast ausschließlich zum Volk der Ivatan, das nur hier sein Siedlungsgebiet hat. Die Ivatan haben eine eigene Sprache, und man nimmt an, dass sie die Nachfahren von austronesischen Einwanderern sind, die vor etwa 4000 Jahren aus Taiwan oder Südchina hierher kamen. Zu jener Zeit nahm eine große Völkerwanderung vom asiatischen Festland ihren Anfang, in deren Zug große Teile Südostasiens und der pazifischen Inseln besiedelt wurden.

Da die Inseln mehrere Monate im Jahr von der Außenwelt abgeschnitten sind, führen die Ivatan ein autarkes Leben mit Ackerbau und küstennaher Fischerei für den Eigenbedarf. Die kulturellen Traditionen sind besonders auf Sabtang noch lebendig. Hier werden die traditionellen Regenumhänge – *soot* für Frauen und *kanaye* für Männer genannt – aus Fasern der Voyavoy-Palme hergestellt; diese niedrigwüchsige Palmenart wächst überall in der rauen Landschaft.

Schöne Wanderungen

Die Hauptaktivität für Besucher sind Wanderungen. Es gibt eine ganze Reihe von Wandermöglichkeiten, allen voran der Aufstieg auf den Mount Iraya. Der Weg beginnt in der Nähe der Landebahn des Flughafens und windet sich durch dichten Wald steil nach oben, bevor er in das Grasland an den oberen Berghängen hinausführt. Auf- und Abstieg sind in einem Tag zu bewältigen, doch sollte man früh am Morgen aufbrechen, um den Gipfel noch vor den Wolken zu erreichen, die sich dort im Verlauf des Tages unweigerlich bilden. Auf einen einheimischen Führer sollte man keinesfalls verzichten.

Andere Wanderungen auf Batan führen an der nordwestlichen Steilküste oberhalb des Hauptortes Basco ent-

Links: *Der traditionelle Bootsbau auf Sabtang ist zwar ein bedeutendes Handwerk, aber er gefährdet auch die letzten Wälder der Inseln.*

Unten links: *Eine Spinnenart, die häufig im Wald am Mount Iraya anzutreffen ist.*

Unten: *Die Voyavoy-Palme liefert das Material zur Herstellung traditioneller Regenumhänge. Sie ist auf den Batanes endemisch, ihre nächsten Verwandten sind auf Taiwan und in Südchina zu finden.*

lang oder durch die Hügel um den Mount Matarem im Süden der Insel. Auf Sabtang kann man rund um die Insel wandern; auf diesem Weg gibt es einige sehr schroffe Landschaften und mehrere alte Dörfer mit strohgedeckten Häusern zu sehen, die mit massiven Steinwällen umgeben sind. Hier kann man bei der Herstellung der Regenumhänge und beim Bau von Booten zusehen.

Oben: *Die heftigen Winde, die über die Batanes-Inseln fegen, haben an den Hängen des Mount Iraya einen kleinwüchsigen Tiefland-Regenwald entstehen lassen.*

Rechts: *In der Nähe des Dorfes San Joaquin in der Valugan Bay hat die Brandung im Lauf der Zeit Tausende von runden Felsblöcken geformt.*

Unten: *Felsen an der Küste bei Ebbe – ein typischer Anblick auf Batan, der Hauptinsel der Batanes-Gruppe.*

Northern Sierra Madre Natural Park

Unberührte Wildnis und dichte Wälder

Mit knapp 360 000 ha Fläche ist der Northern Sierra Madre Natural Park das größte Schutzgebiet der Philippinen. Es umfasst einen gewaltigen tropischen Tiefland-Regenwald entlang der einsamen Nordostküste von Luzon in der Provinz Isabela. Dank der Abgeschiedenheit des Waldes sind die Holzfäller nicht bis hierher vorgedrungen, und daher ist der Park heute eines der letzten großen naturbelassenen Gebiete des Landes.

Er ist schon allein deshalb von großer naturkundlicher Bedeutung, weil hier das einzige Verbreitungsgebiet des Philippinenadlers auf der Insel Luzon zu finden ist. Dieses bisher noch kaum erforschte, geschweige denn wissenschaftlich untersuchte Reservoir der Artenvielfalt wurde denn auch 1997 in das von der Weltbank finanzierte System von Schutzgebieten (Integrated Protected Areas System, IPAS) aufgenommen.

Eine weitgehend unbekannte Region

Die Ostküste von Luzon ist durch einen 500 km langen Gebirgszug, die Sierra Madre, von der übrigen Insel getrennt. Ein Durchbruch in der Mitte des Gebirges unterteilt dieses in die Northern und die Southern Sierra Madre. Die Berge der Northern Sierra Madre sind wild und abgelegen, und keine einzige Straße überquert sie, obwohl in den meisten Landkarten fälschlicherweise mehrere Straßen eingezeichnet sind. Zwar sind trotz der Abgeschiedenheit viele Gebiete zumindest teilweise gerodet, aber weite Areale in diesem neu etablierten Schutzgebiet sind mehr oder weniger unberührt.

Das Gelände ist extrem schroff, mit steilen, dicht bewaldeten Bergen. Der höchste Punkt im Park ist der Mount Cresta (1672 m), und es gibt zumindest zwei weitere Gipfel, die höher als 1000 m sind, nämlich Mount Divilacan (1311 m) und Mount Palanan (1212 m).

In drei Siedlungen innerhalb der Parkgrenzen – Palanan, Divilacan und Maconacon – leben insgesamt etwa 21 000 Einwohner. Die meisten von ihnen stammen von frühen Siedlern ab, die sich im 17. Jahrhundert hier niederließen. Daneben gibt es noch eine kleine Gruppe der ethnischen Minderheit Agta. Die Agta gehören zu den philippinischen Ureinwohnern und leben noch größtenteils als nomadische Jäger und Sammler im Wald. Ihre

Karte: CAGAYAN, Tuguegarao, Luzon, Manila, Malaysia, SIERRA MADRE, Maconacon, Divilican Bay, Flugplatz, Port Dimalansan, Divilican, Tumauini, Mt Cresta 1670m (5479ft), Ilagan, Roxas, Gamu, Aurora, San Mateo, Cauayan, San Mariano, ISABELA, Ramon, Alicia, Angadanan, Santiago, Echague, Jones, San Agustin, Palanan Bay, Palanan Point, Mt Palanan 1212m (3977ft), Flugplatz Palanan, Northern Sierra Madre Natural Park, Diviuisa Point, Dinatadmo Point, Dinapiqui, SIERRA MADRE

Gegenüber oben: *Flussläufe wie hier in der Nähe des Ortes Palanan sind oft die einzigen Wege in den Tiefland-Wäldern der Sierra Madre.*

Gegenüber unten links: *Dieser große Schmetterling, Lucaena idea, ist in Waldgebieten häufig anzutreffen.*

Gegenüber unten Mitte: *Die roten Farbtupfer am Rand einer Lichtung in der Nähe von Palanan sind Clerodendrum-Blüten.*

Gegenüber unten rechts: *In den Wäldern der nördlichen Sierra Madre ist der vom Aussterben bedrohte mächtige Philippinenadler noch heimisch.*

Oben rechts: *Park-Ranger kommen in ihrem Boot in Port Dimalansan an.*

Lage: An der Ostküste von Nordost-Luzon, Provinz Isabela. Der Hauptort Palanan liegt 74 km nordöstlich der Provinzhauptstadt Cauayan und 95 km südöstlich von Tuguegarao, der Hauptstadt der Provinz Cagayan.

Klima: Ganzjährig tropisch (hohe Luftfeuchtigkeit, viel Regen). Die trockensten Monate sind von März bis Mai.

Beste Reisezeit: Zwischen März und Mai verkehren Flugzeuge und Küsten-Schiffe zumeist regelmäßig.

Anreise: Regelmäßige Flüge und tägliche Überlandbusse von Manila nach Tuguegarao. Stellen Sie sich am Flughafen von Tuguegarao in die Schlange vor dem Büro von Chemtrad Aviation; die Gesellschaft fliegt Palanan und Maconacon an. Das kleine Flugzeug startet bei gutem Wetter, sobald genug Passagiere zusammengekommen sind. Zeitverzögerungen einplanen !

Genehmigungen: Im Park-Büro in Cauayan (Cabatuan Rd.) erhältlich. Besucher sollten sich bei Ankunft auch auf der Polizeiwache in Palanan melden.

Ausrüstung: Feste Wanderschuhe, leichte Kleidung, Kamera, Fernglas, Taschenlampe, Batterien, Insekten-Abwehrmittel, Malaria-Prophylaxe.

Einrichtungen: Unterkunft in einfachen Homestays; am besten arrangieren Sie die Übernachtung im Park-Büro in Cauayan oder bei Ankunft in Palanan. Elektrizität ist selbst in Palanan äußerst limitiert. Fragen Sie an der Fluss-Anlegestelle am Stadtrand nach Miet-Booten.

Flora und Fauna: Im Wald ist es schwierig, Vögel zu erspähen; besser stehen die Chancen an den Flussufern und in den Mangroven. Tief im Wald gibt es Fledermaus-Schlafbäume.

Aktivitäten: Wandern, Bootsfahrten, Vogelbeobachtung, Fotografie.

Oben: *Der Strand von Port Dimalansan ist ein beliebter Siedlungsplatz der Agta.*

Rechts: *Agta-Frauen mit ihren Kindern in Port Dimalansan.*

Zahl im Schutzgebiet wird auf 400 bis 1300 geschätzt. Die übrige Bevölkerung lebt von Ackerbau und Fischfang, und in Palanan gibt es einige Geschäfte.

Naturschutz und Erforschung der Fauna

Gegen Ende des 19. und zu Beginn des 20. Jahrhunderts gab es zwar einige wissenschaftliche Expeditionen in die Berge der Northern Sierra Madre, aber erst in den 1990er-Jahren wurden umfangreiche Studien begonnen. 1991 und 1992 kam ein großes Team internationaler Wissenschaftler in Palanan zusammen, um den Zustand des Waldes und seinen Artenreichtum zu untersuchen. Die Ergebnisse erstaunten selbst die optimistischsten Teil-

nehmer. 241 Vogelarten wurden erfasst, was fast der Hälfte aller Vogelarten des Landes entspricht; darunter befanden sich 78 der 169 auf den Philippinen endemischen Arten, einschließlich des Philippinenadlers, und 19 von 25 Arten, deren Vorkommen auf Luzon beschränkt ist. Ähnlich war es bei den Säugetieren: 14 Fledermausarten wurden gefunden, darunter sechs auf den Philippinen endemische Arten. Weiterhin traf man neun endemische Nagetierarten an und bei den größeren Säugetieren je eine Hirsch-, eine Affen- und eine Wildschweinart sowie zwei Arten von Zibetkatzen.

Studien zur Flora des Waldes haben gerade erst begonnen, aber vermutlich wird die Vielfalt der Arten hier mindestens genauso groß sein. Bisher wurden sechs verschiedene Waldtypen identifiziert von immergrünem Tiefland-Regenwald, in dem Dipterokarpazeenbäume vorherrschen (die jedoch in Gegenden, die den pazifischen Winden ausgesetzt sind, nicht ihre ansonsten mächtige Größe erreichen), über Mangroven-, Berg-, Strand- und Kalkstein-Wald sowie einer Waldart, die auf siliziumarmem Untergrund wächst. Letztere ist kleinwüchsig und gedeiht ausschließlich auf an phytotoxischen Schwermetallen reichem Boden.

Untersuchungen zum marinen Lebensraum haben ergeben, dass es vor der Küste mehrere gesunde Riffe, ausgedehnte Seegraswiesen und einen intakten Fischbestand

gibt. Zwei Arten von Meeresschildkröten sowie der bedrohte Dugong wurden in den Gewässern gesichtet. Das ebenfalls bedrohte Leistenkrokodil ist in den Mangroven des Parks heimisch.

1997 wurde die Region um Palanan als größter Naturschutzpark des Landes ausgewiesen; seine Grenzen entsprechen denen der Palanan Wilderness, einem Schutzgebiet, das bereits 1979 gegründet wurde, aber zuerst nur auf dem Papier existierte. Von den 360 000 ha Fläche des Parks entfallen mehr als 71 000 ha auf einen großen marinen Schutzraum vor der Küste, der der Erhaltung von Riffen und Fischbeständen dienen soll.

Exkursionen in die Wildnis

Der Zugang zu dieser Region ist zwar nicht einfach, aber als Belohnung winkt der Anblick einer völlig unberührten Landschaft, die am besten von der Küste aus zu überblicken ist. Der leichteste Weg führt per Flugzeug von Tuguegarao, der Hauptstadt der Provinz Cagayan, nach Palanan. Die einzige Alternative ist eine 30- bis 40-stündige Anreise per Boot von dem weit im Süden gelegenen Ort Baler.

Exkursionen in der Park können von Palanan aus organisiert werden. Zu den einfacheren Ausflügen gehört eine Bootsfahrt den Palanan-Fluss hinab zu seiner Mündung und zum Dorf Sabang; von hier führt eine 90-minütige Wanderung durch Ackerland und Wald zum Sadsad-Wasserfall, der sich aus hoher Höhe in ein Becken mitten im Wald ergießt. Häufig muss man in Ermangelung eines anderen Weges durch kleine Flüsse stromaufwärts waten.

Eine der schönsten Routen führt per Boot die Küste entlang nach Norden, zunächst zu der reizvollen Bucht Port Dimalansan und weiter bis Maconacon. Zwar wird man hier keinen dichten Dipterokarpazeenwald sehen, aber an den Stränden gibt es unberührten Küstenwald mit Barringtonien und Kasuarinen sowie ausgedehnte Mangroven in den geschützten Bereichen von Dimalansan. An den Stränden dieser Bucht siedeln auch die Agta gerne, da sie aber nicht lange an einem Ort bleiben, ist es Glückssache, sie hier anzutreffen. Zwar sprechen nur wenige Agta Englisch, aber in ihrer schüchtern-freundlichen Art heißen sie Besucher stets willkommen.

Oben: Ein Boot setzt Kinder auf die andere Seite des Flusses über, wo sie in Palanan zur Schule gehen.

Oben rechts: Die Kappenpitta, die den Waldboden bewohnt, gehört zu den 241 Vogelarten, die jüngst in Northern Sierra Madre registriert wurden.

Rechts: Die Dolchstichtaube lebt in den Wäldern von Northern Sierra Madre und in anderen Teilen von Luzon.

MOUNT PULAG NATIONAL PARK

Der höchste Berg auf Luzon

Dieses Gebiet in den Bergen der Zentralkordillere von Nordluzon, etwa 60 km nordöstlich von Baguio, umschließt den höchsten Berg der Insel, den 2930 m hohen Mount Pulag (früher oft auch Mount Pulog genannt). Das Bergland, das 1987 unter Schutz gestellt wurde, reicht von Höhenlagen ab 1200 m bis zum Gipfel des Mount Pulag hinauf und umfasst noch zehn weitere Zweitausender. Die Habitate in dem 11 500 ha großen Park sind Kiefernwald, Mooswald und alpines Grasland. Obwohl der Mount Pulag National Park durch das Vordringen von Landwirtschaft gefährdet ist, bietet er noch einigen wichtigen Wildtierarten von Luzon Zuflucht, und die Bergtouren, die man hier unternehmen kann, gehören zu den besten des Landes.

Gegenüber oben: *Die hochsteigende Sonne löst die Nebelschwaden über den Mooswäldern des Mount Pulag, Luzons höchstem Berg, auf.*

Gegenüber unten links: *Diese Drosselart kommt in den Wäldern des Mount Pulag häufig vor.*

Gegenüber unten Mitte: *In der Mooswäldern gedeihen Himbeeren, die hier auch »wild strawberries« – wilde Erdbeeren – genannt werden.*

Gegenüber unten rechts: *Im Winter blüht in den Mooswäldern in Höhenlagen um 2000 m der Rhododendron.*

Oben rechts: *Den riesigen Atlasspinner sieht man nachts in den Bergen der Zentralkordillere.*

Bewaldete Berge

Der gesamte Nationalpark besteht aus gebirgigem Terrain mit steilen Berghängen und tiefen Schluchten, von Gipfeln überragt, die zu den höchsten der Philippinen zählen. Der Mount Pulag selbst ist »nur« der dritthöchste Berg, obwohl er oft als zweithöchster Gipfel des Landes bezeichnet wird.

Die Kiefernwälder der unteren Berghänge bestehen nur aus einer einzigen Baumart, der Chasya-Kiefer, einer von zwei Kiefernarten, die auf den Philippinen vorkommen. Da diese Wälder zwischen den 1950er-Jahren und 1972 in den meisten der zugänglichen Gebiete des Parks abgeholzt wurden, handelt es sich heute fast ausschließlich um Sekundärwald. Zudem wurden große Teile des Waldes in landwirtschaftliche Nutzflächen umgewandelt, und selbst da, wo der Wald noch dicht ist, wird häufig das Unterholz abgebrannt, um das Wachstum von frischem Gras für Weidetiere zu begünstigen.

Oberhalb des Kiefernwaldes, in 2200 m Höhe, beginnt mit dem Mooswald das vorherrschende Habitat des Parks. 5800 ha, etwa die Hälfte seiner Fläche, sind dicht mit knorrigem Wald bewachsen, in dem Loorbeer und Baumfarne gedeihen; alle Bäume sind dick mit Moos überwuchert.

Die Baumgrenze liegt bei 2600 m. Im Grasland darüber ist eine Zwergbambusart besonders dominant, die auch in den Bergen von Taiwan häufig vorkommt und die hier etwa 13 cm hoch ist. Im September, wenn Abertausende wilde Blumen blühen, leuchtet das Grasland in allen Farben.

Lage: In der Zentralkordillere von Nordluzon, 60 Straßenkilometer nordöstlich von Baguio.

Klima: Trocken und klar von November bis Mitte März und regnerisch in den übrigen Monaten. Im Januar und Februar ist auf den Gipfeln mit Frost zu rechnen. In den Nächten ist es immer kalt, in Babadak nur wenige Grad über dem Gefrierpunkt.

Beste Reisezeit: Den Mount Pulag sollte man nur in der Trockenzeit zwischen November und Ende Februar besteigen.

Anreise: Eingeschränkter öffentlicher Transport von Baguio nach Ambangeg; es ist ratsam, ein Fahrzeug zu mieten. Gewöhnlich nimmt man die Ambuklao Road von Baguio, aber man kann auch auf der Halsema Road über den Ort Kabayan fahren. Allradfahrzeuge können normalerweise bis nach Babadak fahren.

Genehmigungen: Diese sind in der Ranger-Station von Babadak erhältlich.

Ausrüstung: Zelt, Schlafsack, Kochutensilien, warme Kleidung, robuste Wanderschuhe, Kamera, Fernglas.

Einrichtungen: Der Weg von Babadak zum Gipfel ist leicht zu finden, obwohl er nur im Graslandgebiet gut markiert ist. 2 km oberhalb von Babadak steht eine Schutzhütte. Flachen Boden zum Zelten gibt es neben der Ranger-Station in Babadak und auf dem Grasland.

Flora und Fauna: Säugetiere sind im dichten Wald kaum zu sehen, aber Vögel sind leicht zu beobachten. Im Januar und Februar blühen viele Sträucher wie Azaleen und Pieris.

Aktivitäten: Bergwandern, Vogelbeobachtung, Fotografie.

Oben: *In den mittleren Höhenlagen der philippinischen Wälder gedeihen Baumfarne. Einige robuste Arten kommen auch in den höher gelegenen Mooswäldern vor, so wie diese auf etwa 2000 m.*

Rechts: *Der Philippinensambar ist zwar selten, kommt aber in weiten Landesteilen vor und ist in vielen Schutzgebieten zu finden; so auch im Mount-Pulag-Park.*

Gegenüber: *Die Mooswälder am Mount Pulag bestehen aus kleinwüchsigen, knorrigen Bäumen, die in dicke Lagen von Moos eingepackt sind. Bis auf kurze Perioden in der Trockenzeit ist das Moos das ganze Jahr über tropfnass.*

Die Fauna des Park ist größtenteils an das Leben im Mooswald angepasst und umfasst einige auf den Philippinen endemische Arten wie die Schadenbergs Borkenratte sowie viele Fledermausarten und Waldvögel.

Naturschutzmaßnahmen

Da bereits 1910 erste Studien am Mount Pulag durchgeführt wurden, ist die Bedeutung des Gebiets für die Artenvielfalt schon lange bekannt. Schon damals wurden hier mehr als 500 Pflanzenarten aufgezeichnet, von denen 251 nur auf den Philippinen vorkommen. In einer neueren Untersuchung zur Vogelwelt wurden 77 Arten identifiziert, darunter 13 Arten mit einem sehr begrenz-

ten Verbreitungsgebiet und acht weltweit vom Aussterben bedrohte Arten.

1990 wurde der Mount Pulag National Park als eines von fünf Gebieten in einem Tauschhandelmodell namens »debt-for-nature (Schulden gegen Natur) für drei Jahre der Verwaltung des WWF unterstellt. Neuerdings wurde der Park in das National Integrated Protected Areas Programme (NIPAP) aufgenommen, ein Projekt, das von der Europäischen Union finanziert und mitverwaltet wird. Im Dorf Ambangeg am Fuß des Berges und in Babadak, in der Übergangszone zwischen Kiefern- und Mooswald, wurden Ranger-Stationen aufgebaut. Nachdem nun auch in Babadak ständig Parkwächter stationiert sind, hofft man, Forschungsprojekte und Schutzmaßnahmen effektiver umsetzen zu können als dies in der Vergangenheit der Fall war.

Wanderungen zum Gipfel

Da der Weg zum Gipfel des Mount Pulag einer der am besten markierten Bergwanderwege des Landes ist, kann man ihn sogar ohne Führer begehen. Gewöhnlich beginnt man in Ambangeg, das von Baguio aus auf einer unbefestigten Straße zu erreichen ist.

Ausreichend Proviant und Ausrüstung müssen von Baguio mitgebracht werden, weil es in Ambangeg nicht mehr viel zu kaufen gibt.

Die ersten 10 km führen auf einem steilen Weg durch Gemüsegärten und Kiefernwälder zur Ranger-Station von Babadak. Allradfahrzeuge können bis hierher noch fahren. Bevor man den nochmals 10 km langen Fußweg zum Gipfel fortsetzt, lässt man sich in der Ranger-Station eine Genehmigung ausstellen. Es empfiehlt sich, hier eine Übernachtungspause einzulegen und neben der Station zu zelten. Dabei ist unbedingt zu beachten, dass es in dieser Höhe (2400 m) nach Sonnenuntergang empfindlich kalt wird und eine entsprechende Ausrüstung mitgebracht werden muss.

Von Babadak läuft der Weg, eine alte Holzfällerstraße, auf einen Grat zu; dort steht an einer Weggabelung eine Schutzhütte. Der rechte Pfad führt über einen weit geschwungenen Grat zum Gipfel. Mit leichter Steigung geht es durch dichten Mooswald, wobei sich immer wieder klare Ausblicke auf den Mount Pulag öffnen. 8 km von Babadak entfernt endet der Wald, und der Weg verläuft nun durch das Grasland. Der letzte Aufstieg ist recht steil und mühsam, zumal die Luft nun merklich dünner wird, aber der Lohn der Mühe ist ein herrlicher Blick: So weit das Auge reicht sieht man windzerzauste Wälder und Berge in der klaren Luft.

SUBIC WATERSHED FOREST RESERVE

Üppige Wälder und ein ehemaliger Marine-Stützpunkt

E twa 130 km nordwestlich von Manila und inner- halb der Grenzen des ehemals größten Übersee- Flottenstützpunktes der USA liegt eines der am besten zugänglichen naturbelassenen Gebiete der Philippinen: der 10 000 ha große Wald von Subic Bay. Für das amerikanische Militär war der Wald ein streng geschütztes Wassereinzugsgebiet, das die Soldaten zum Überlebenstraining im Dschungel nutzten; aus diesem Grund ist das Gebiet wesentlich besser intakt als vergleichbare andere Naturräume auf den Philippinen.

Als die Marine den Stützpunkt aufgab, wurde das Areal zum Gewerbegebiet erklärt und der Verwaltung der Subic Bay Metropolitan Authority (SBMA) unterstellt. Der größte Bereich des ehemaligen Stützpunktes wurde in ein Industrie- und Geschäftszentrum umgewandelt, aber trotz der Probleme, die dies für den Naturschutz bedeutet, umfasst die Subic Watershed Forest Reserve einen der größten und am besten erhaltenen Tiefland-Regenwälder von Luzon. Südöstlich grenzt der Bataan Natural Park an, und obwohl beide Gebiete noch ge-

Gegenüber: Mangroven in der Triboa Bay, innerhalb der Nav-Mag-Zone der Subic Bay. Mit den Luftwurzeln können die Bäume auch dann noch »atmen«, wenn sie vollständig im Wasser stehen.

Oben rechts: Auch Löffelenten sind im Winter an der Triboa Bay zu sehen.

trennt verwaltet werden, bilden sie bereits offiziell den Subic-Bataan Natural Park, eines von zehn Gebieten des neuen IPAS-Programms, deren Schutz Priorität genießt.

Wälder von der Küste bis zu den Hügeln

Subic Bay ist eine tief eingeschnittene, von Hügeln umgebene Bucht unmittelbar nördlich der Manila Bay. Vor der Mündung der Lagune liegt Grande Island. Die flache Ostküste, an der das Gewerbegebiet angesiedelt ist, geht in Hügelketten über. Zwar wurde das Industrie- und Geschäftsareal schon vor langer Zeit gerodet, aber in Richtung Süden dehnt der Wald sich bis zum Flughafen aus und umschließt mehrere Wohngebiete wie den Ort Cubi.

Das Hauptwaldgebiet liegt noch weiter im Süden in einer Region, die als Naval Magazine (Marine-Magazin) – kurz Nav Mag – bezeichnet wird; hier gibt es noch immer Hunderte von unterirdischen Bunkern, in denen früher Munition gelagert wurde. Der gut erhaltene Wald mit seinem alten Bestand an riesigen Dipterokarpazeen reicht von den Hügeln bis hinab zur Küste. In einigen kleinen Buchten und Flussmündungen stehen ausgedehnte Mangrovenwälder, während die sandigen Küstenabschnitte von Strandwäldern gesäumt sind. Unmittelbar hinter der Küste erhebt sich der Dipterokarpezeenwald.

Der insgesamt dichte Wald hat einige lichte Stellen mit vielen abgestorbenen Bäumen; sie erstickten 1991 in

Karte:
ZAMBALES
Nach Manila
Subic Bay
Olongapo
Subic Freeport
Olongapo Bay
Cubi Point
Subic International Airport
Cubi
Pamulaklakin
Militärisches Trainingslager
Triboa Bay
Subic Watershed Forest Reserve
Marine-Magazin (Nav Mag)
Binanga Bay
BATAAN
Luzon · Manila
Malaysia

Lage: 130 km nordwestlich von Manila an der Westküste von Luzon. Das Gewerbegebiet grenzt an die Ortschaft Olongapo.

Klima: Tropisch; Trockenzeit von November bis Mai, am meisten Regen zwischen Juli und September. In den heißesten Monaten (April und Mai) Temperaturen bis 35 °C, am kühlsten sind Januar und Februar.

Beste Reisezeit: Am angenehmsten sind die kühleren und trockeneren Monate Januar und Februar.

Anreise: In etwa drei Stunden per Mietwagen oder mit öffentlichem Bus von Manila nach Olongapo. Es gibt auch Flüge vom Inlandflughafen in Manila.

Genehmigungen: Nur für das Nav Mag erforderlich; im Ecology Center der SBMA erhältlich. Das gesamte Gewerbegebiet ist zollfreie Zone; bei Betreten und Verlassen werden Ausweiskontrollen durchgeführt.

Ausrüstung: Wanderschuhe, Insektenschutzmittel, leichte Kleidung, Kamera, Fernglas, Fahrzeug (besonders für Besuche des Nav Mag).

Einrichtungen: Teure internationale Hotels im Subic-Gewerbegebiet, günstigere Hotels in Olongapo. Öffentliche Verkehrsmittel vorhanden, jedoch nicht im Nav Mag. Sehr gute Straßen. Für Wanderungen um Pamalaklakin und JEST stehen Führer zur Verfügung. Auch im Nav Mag gibt es Wanderwege.

Flora und Fauna: Waldvögel, darunter viele endemische Arten und Enten in den Mangroven. Makaken kommen häufig vor, und gelegentlich sieht man Bindenwarane. In der Triboa Bay gibt es viele Haie. Hauptattraktion ist eine Kolonie von Flughunden.

Aktivitäten: Wandern, Vogel- und Fledermausbeobachtung, Fotografie, Überlebenstraining im Dschungel und Tauchen (hauptsächlich Wracks).

dem verheerenden Ascheregen, der auf die Eruption des nahe gelegenen Mount Pinatubo zurückging. Der Wald wächst rasch nach, aber die Lichtungen bieten gegenwärtig noch wesentlich bessere Möglichkeiten zur Vogelbeobachtung, als dies bei vollständig geschlossenem Blätterdach der Fall wäre!

Wildtiere in Hülle und Fülle

Infolge des ausgezeichneten Schutzes leben hier viele, relativ zahme Tiere, insbesondere zahlreiche Vögel: Storchschnabel, Philippinenspecht, Ohrensegler, Dollarvogel, Malaienspint und sogar Nashornvögel sind von den vielen Straßen aus, die den Wald durchschneiden, leicht zu beobachten. Die Mangrovenwälder im Nav-Mag-Gebiet, v. a. in der Triboa Bay, werden belebt von reichen Entenbeständen. Besonders in den Wintermonaten sind hier große Schwärme der Wasservögel zu sehen: Reiherenten, Löffelenten und eine endemische Stockentenart. Auch Weißbauch-Seeadler, Philippinen-Schlangenweihe und

Brahminenweihe sieht man häufig über den Baumwipfeln kreisen.

Javaneraffen sind überall im Park heimisch; an den Straßenrändern begegnet man oft ganzen Familiengruppen auf Nahrungssuche. In der Nähe von Cubi hat eine große Kolonie mit Tausenden von Flughunden ihre Schlafbäume. Die beiden Arten, aus denen die Kolonie besteht, gehören mit Flügelspannweiten von bis zu zwei Metern zu den größten Flughunden der Welt. Eine Art ist auf den Philippinen endemisch und akut vom Aussterben bedroht, was dem Gebiet eine besondere Bedeutung für den Artenschutz verleiht.

Vor der Küste bestehen ausgedehnte Korallenriffe rund um Grande Island und an den äußersten Enden der Bucht. Innerhalb der Bucht ziehen Haie wie der Schwarzspitzen-Riffhai ihre Kreise, und an einigen Stränden nisten Grüne Meeresschildkröten und Olivgrüne Bastardschildkröten, so auch an den Stränden in unmittelbarer Nähe des Flughafens.

Die Bewohner des Waldes

Obwohl das Gebiet ein Militärstützpunkt war, wurde einer Gruppe von »Negritos«, die in diesem Teil von Luzon Aeta genannt werden, gestattet, weiterhin in den hiesigen Wäldern zu leben. Heute sind es noch etwa 100 Familien. Sie haben ihr Wildbeuterdasein aufgegeben und leben nun von der Landwirtschaft; außerdem haben sie jahrelang Überlebenstraining im Urwald für amerikanische Soldaten durchgeführt. Heute bieten sie Zivilisten im Rahmen des Ökotourismusprogramms der SBMA ihr Spezialwissen an und fungieren als Führer im Wald.

Ökotourismus auf dem Vormarsch

Die Subic Bay bietet dem Besucher Möglichkeiten, ein wirklich naturbelassenes Gebiet aus nächster Nähe kennen zu lernen, die zu den besten der Philippinen zählen. Die Schlafbäume der Flughunde sind von einem Aussichtspunkt auf einem Hügel direkt in Cubi leicht zu sehen, und wer sich für Überlebenstraining im Dschungel interessiert, kann an Kursen im Jungle Environmental Survival Training Camp (JEST) teilnehmen.

Hier werden einwöchige Kurse, aber auch zweistündige Wanderungen, bei denen eine Vielzahl von Pflanzen

Oben rechts: Große Waldbäume haben gewaltige Stützwurzeln, die ihnen in der flachen Humusschicht Halt geben.

Rechts: Wilde Feigen sind eine wichtige Nahrungsquelle der Flughunde.

Oben: *Ein Aeta, der im Wald von Subic lebt, demonstriert die traditionelle Methode, mit der man in den Urwaldflüssen Fische fängt.*

Rechts: *Ein Mitarbeiter von JEST zeigt, wie man aus frisch im Wald geschlagenem Bambus ein Gefäß zum Dämpfen von Reis herstellt. Alles was hierzu benötigt wird, ist das richtige Messer.*

gezeigt und ihre Verwendung erklärt wird, angeboten. Im nahe gelegenen Pamulaklakin unterhalten die Aeta ein Modelldorf, wo sie ihre traditionelle Kultur und ihren früheren Lebensstil demonstrieren.

Diese drei Gebiete liegen außerhalb der Nav-Mag-Zone und sind für Besucher leicht zugänglich. Für Ausflüge in das Nav-Mag-Gebiet ist eine Genehmigung erforderlich, die man am Ecology Centre der SBMA erhält; außerdem darf man die Zone nur in Begleitung eines Führers des Ecology Centre betreten, und man benötigt ein Fahrzeug, da es hier keine öffentlichen Verkehrsmittel gibt. Im Nav Mag gibt es verschiedene Wanderrouten; einige Wege münden in die Mangroven der Triboa Bay, und eine Tour führt durch den Dipterokarpazeenwald auf den Hill 394, die höchste Erhebung im Park.

Gegenüber: *Der Karpia-Baum, einer der Riesen des Tiefland-Regenwaldes, aber keine Dipterokarparzee, überragt sogar das Blätterdach der Wälder von Subic.*

Bataan Natural Park

Tiefland-Dipterokarpazeenwald

Der Park liegt etwa 100 km nordwestlich von Manila auf der Nordhälfte der lang gestreckten Halbinsel Bataan, die die Manila Bay vor dem offenen Südchinesischen Meer schützt. Das 23 700 ha große Gebiet beheimatet einen der letzten Tiefland-Regenwälder mit Dipterokarpazeen-Bestand von Luzon. An die Wälder von Bataan, die auf einer alten vulkanischen Landschaft entstanden sind und deren höchste Erhebung der Mount Natib (1253 m) ist, grenzt im Nordwesten die Subic Watershed Forest Reserve. Seit 1945 steht die Region unter Schutz.

Heute bilden die Wälder von Bataan und Subic, obwohl sie noch getrennt verwaltet werden, gemeinsam den Subic-Bataan Natural Park, eines von zehn Gebieten mit höchster Schutzpriorität, die in dem neuen Integrated Protected Areas System (IPAS) zusammengefasst sind. Durch den unterschiedlichen Grad der Erschließung und die weit auseinander liegenden Zugangspunkte erscheinen dem Besucher die Unterschiede zwischen beiden Gebieten größer als die Gemeinsamkeiten.

Eine alte vulkanische Landschaft

Über weite Landstriche ist der Park recht gebirgig, denn er besteht hauptsächlich aus der gewaltigen alten Caldera des Vulkans Natib, die etwa 7,5 km von Norden nach Süden und 5,5 km von Osten nach Westen misst. Die meisten Gipfel des Parks, einschließlich Mount Natib selbst, sind auf dem geschwungenen Grat der Caldera angeordnet. Weitere größere Berge sind Bataan Peak (1066 m), Mount Napundol (1029 m), Mount Silanganan (910 m), Mount Nagpali (900 m) und Mount Santa Rosa (800 m).

An einigen entlegenen Stellen der Caldera entspringen auch heiße Quellen, wobei allerdings keine von ihnen ausgesprochen hohe Temperaturen aufweist. Auf der Suche nach neuen geothermischen Energiequellen erforschte die staatliche philippinische Ölgesellschaft in den 1980er-Jahren die Natib-Caldera, aber es stellte sich heraus, dass eine Erschließung sich wirtschaftlich nicht lohnen würde, weil der Umfang der vulkanischen Aktivitäten zu gering ist.

Gegenüber oben: Der dichte Tieflandwald im Bataan Natural Park schmiegt sich an steile Berghänge.

Gegenüber unten links: Einheimische Biologen machen eine Pause bei der Inventarisierung, der mühsamen Erfassung von Flora und Fauna in den philippinischen Schutzgebieten.

Gegenüber unten rechts: Ein kleiner Urwaldbach stürzt über farnbewachsene Felsen in die Tiefe.

Oben rechts: Die Philippinen-Schlangenweihe ist in den Wäldern des Landes weit verbreitet.

Lage: In der Provinz Bataan, etwa 100 km nordwestlich von Manila.

Klima: Hier beeinflusst der Südwestmonsum das Wetter, deshalb regnet es von Juni bis Oktober oder November. Trockenzeit von November bis Mai. Am heißesten ist es im Mai mit Temperaturen bis 36 °C, in der kühleren Regenzeit kann das Thermometer bis auf 18 °C fallen.

Beste Reisezeit: In der Trockenzeit zwischen November und Mai. Der beste Monat ist der Januar mit angenehmen Temperaturen und wenig Niederschlägen.

Anreise: Gute Schnellbusverbindungen von Manila nach Balanga und Abucay. Die Reisezeit beträgt etwa drei Stunden. Mieten Sie für die Weiterfahrt in den Park einen Jeepney. Man kann auch von Manila mit einem Selbstfahrermietwagen direkt in den Park fahren; dies erleichtert auch den Zugang zur Westküste.

Genehmigungen: Zur Zeit nicht erforderlich.

Ausrüstung: Gute Wanderschuhe, Kamera, Fernglas, komplette Campingausrüstung für Besteigungen des Mount Natib.

Einrichtungen: Gegenwärtig nur sehr wenige Besuchereinrichtungen. Übernachtungsmöglichkeiten nur in Balanga und Abucay; einige wenige Wanderwege. Führer stehen zur Verfügung; fragen sie im Parkbüro im Baataan State College, Bangkal Abucay, oder bei der privaten Organisation des Parks in Balanga.

Flora und Fauna: Dipterokarpazeenwald ist weit verbreitet. Halten Sie Ausschau nach Früchten an den Waldbäumen, besonders nach wilden Feigen, der Hauptnahrung der Flughunde. Philippinen-Schlangenweihen sieht man oft über den Bäumen kreisen.

Aktivitäten: Fotografie, Vogelbeobachtung, Wandern.

Oben: *Der Javaneraffe kommt im ganzen Land in großer Zahl vor.*

Rechts: *Die Dolchstichtaube ist schwierig zu finden, kommt aber in mehreren Schutzgebieten von Luzon vor, so auch im Bataan Natural Park.*

Rechts: *Der auf Luzon heimische Feuerhornvogel wird immer seltener, aber mit etwas Glück kann man ihn in den Tieflandwäldern von Bataan und Subic noch begegnen.*

Zwar wurden Teilbereiche des Parks in den 1970er-Jahren gerodet, aber etwa die Hälfte der Waldfläche ist noch intakt und verfügt über einen alten Baumbestand mit geschlossenem Blätterdach. Der Bewuchs der übrigen Gebiete ist eine Mischung aus Sekundärwald, Gestrüpp, brandgerodeten Landwirtschaftsflächen und Grasland. Vorherrschend ist Dipterokarpazeenwald, der mit zunehmender Höhe dem Bergwald weicht; rund um den Gipfel des Mount Natib gibt es ein Areal mit Mooswald.

Die Bewohner des Parks

Insgesamt gibt es schätzungsweise 1000 Haushalte innerhalb der Parkgrenzen, darunter auch eine kleine Zahl von Aeta-Familien. In den Randbezirken des Waldes bauen die Parkbewohner auf brandgerodetem Land im Wanderfeldbau verschiedene Gemüsesorten an. Auf anderen, dauerhaft umgewandelten Waldflächen haben sie Kaffeeplantagen und Obstgärten angelegt.

Die staatliche philippinische Ölgesellschaft leistete in den 1980-er Jahren der unkontrollierten Waldzerstörung Vorschub, weil sie auf der Suche nach geothermischen Energiequellen viele Wege in den Park schlug. Da diese Wege nun dem Verfall überlassen sind, steht zu hoffen, dass die zerstörten Flächen sich nach und nach erholen werden.

Tier- und Pflanzenwelt

Bisher sind Flora und Fauna des Parks kaum untersucht, aber vermutlich gleichen sie derjenigen des Subic-Watershed-Waldes. Hier gedeihen über 100 Baumarten. Weiterhin findet man hier unter den Säugetieren Javaneraffen, Pustelschweine und mehrere endemische Rattenarten sowie eine Vogelwelt, die an Artenreichtum dem Nachbargebiet nicht nachstehen dürfte.

Besuche im Park

Die Besuchereinrichtungen im Bataan Natural Park sind spärlich; übernachten kann man in Balanga an der Ostküste der Halbinsel, nur etwa 10 km von der Parkgrenze entfernt.

Es gibt einige Wanderwege, von denen einer durch die besten Waldgebiete steil zum Gipfel des Mount Natib führt. Andere Pfade verlaufen in den Tieflandregionen, durch Ackerland und Wald, vorbei an einigen schönen Wasserfällen. Man sollte keinesfalls Wanderungen ohne Führer unternehmen; die Vermittlung übernimmt das Parkbüro vor dem Bataan State College, am Ende des Parks in der Nähe von Bangkal Abucay.

MOUNT MAKILING
FOREST RESERVE

Ein eingehend erforschter Wald

Aufgrund seiner Lage weniger als 60 km südlich von Manila und mit dem Campus der University of the Philippines auf seinem Gelände ist dies der am besten erforschte Wald des Landes, und zudem besitzt er einen besonders großen Erholungswert. Mount Makiling selbst ist ein erloschener Vulkan, der sich hinter der Südküste der Laguna de Bay, des größten Sees der Philippinen, erhebt. Der Weg zum Berg führt durch das schön begrünte Gelände der angesehenen Universität am Stadtrand von Los Banos, einem Ort, der wegen seiner Thermalbäder berühmt ist.

Mount Makiling gehört zu den ältesten Schutzgebieten des Landes; schon 1933 wurde das Gebiet zum Nationalpark erklärt. Seither wurde der Wald von der Universität verwaltet und steht unter direkter Aufsicht des Institute of Forest Conservation (IFC). Vielleicht wegen seiner geringen Größe von nur 4200 ha setzte die Regierung 1993 den Status des Parks vom »National Park« auf eine »Forest Reserve« herab.

Flora und Fauna

Die gute Zugänglichkeit von Mount Makiling machte das Gebiet schon vor langer Zeit zu einem Zentrum für die Erforschung der Tier- und Pflanzenwelt. Bereits im 19. Jahrhundert wurden erste vogelkundliche Untersuchungen

Oben rechts: Die leuchtenden Aeschynanthus-Blüten sieht man häufig in philippinischen Wäldern; sie heben sich auffällig vom grünen Hintergrund ab.

durchgeführt, doch erst mit dem Bau der Universität begann die wirklich intensive Forschungsphase. Es ist dem Engagement der Universität zu verdanken, dass der Wald von Mount Makiling noch weitgehend intakt ist – zumindest an seiner Nordseite. Hier gibt es in den niederen Höhenlagen bis 600 m noch einige Areale mit Dipterokarpazeenwald, von denen das am besten zugängliche im Mount Makiling Botanical Garden am Ende des Campus liegt. Eigentlich ist die Bezeichnung »Botanischer Garten« nicht ganz zutreffend, denn im Grunde handelt es sich einfach um einen dichten Wald mit guten Wegen und vielen Pflanzen-Beschilderungen.

Die höheren Lagen des Waldes bestehen aus Bergwald mit kleineren Bäumen und einem dichten Gewirr aus Lianen, Palmen, Rotangpalmen, Schraubenpalmen und Kletterpflanzen. In der Nähe des 1144 m hohen Gipfels geht der Wald allmählich in Mooswald über, kleinwüchsigen Bäumen, von denen viele dick mit Moos bewachsen sind.

Wegen der kleinen Fläche des Parks gibt es nur wenig Säugetiere, aber immerhin kommen hier Philippinensambars, Riesenborkenratten und Pustelschweine vor. Sogar die Reptilien sind hier gut untersucht: Es gibt an die 70 Arten, von denen die meisten nur auf den Philippinen vorkommen. Der Vogelwelt wurde vielleicht die größte Aufmerksamkeit zuteil: 241 Arten wurden identifiziert, von denen fast die Hälfte auf den Philippinen endemisch ist.

Lage: Etwa 60 km südlich von Manila in der Provinz Laguna, an der Südküste der Laguna de Bay, des größten Sees des Landes.

Klima: Viel Regen von Juni bis Oktober, danach bis März besonders in den Bergen weniger Niederschlag. April und Mai sind trocken. Die Luftfeuchtigkeit ist immer hoch, und im Mai können die Temperaturen bis auf 36 °C steigen.

Beste Reisezeit: Im April und Mai fällt kein Regen, dafür ist es im Januar und Februar kühler.

Anreise: Direkte Busverbindungen von Manila nach Los Banos. Nehmen Sie von dort eine Motorradrikscha oder einen Jeepney zum Universitätsgelände. Innerhalb des Campus fahren Jeepneys als öffentliche Verkehrsmittel, aber man kann hier auch schöne Spaziergänge machen.

Genehmigungen: Nicht erforderlich; vor Besteigen des Berges sollte man sich beim Wachposten am Anfangspunkt der Route registrieren lassen.

Ausrüstung: Gute Wanderschuhe, wasserdichte Kleidung oder Schirm, Kamera, Fernglas; Campingausrüstung bei geplanter Übernachtung am Berg.

Einrichtungen: Sehr gute Hotels in Los Banos. Im Botanischen Garten sind viele Baumarten beschriftet. Der Weg zum Gipfel ist gut markiert, besonders an den Gabelungen (z. B. nach Mudsprings).

Flora und Fauna: Viele Vogelarten, die am besten auf dem Universitätsgelände zu beobachten sind; auf einem Baum neben dem Institute of Forest Conservation sieht man öfters Zweifarbenfälkchen.

Aktivitäten: Wandern, Vogelbeobachtung, Besuche der Raubvogelstation Philippine Raptor Center und der heißen Quellen in Los Banos.

Links: *Die unheimlichen, blubbernden und dampfenden Schlammlöcher von Mudsprings erinnern daran, dass der Mount Makiling ein Vulkan ist, der sich nur im Ruhezustand befindet.*

Gegenüber: *Geschützter Tiefland-Regenwald innerhalb des Makiling Botanical Garden an den unteren Hängen des Mount Makiling.*

Unten links: *Diese Zwergohreule ist eine von vielen endemischen Arten, die im Wald von Makiling heimisch sind.*

Unten: *Eine der vielen Taubenarten, die in den philippinischen Wäldern vorkommen, ist die im Makiling-Reservat heimische Glanzkäfertaube.*

Wandern und Vogelbeobachtungen

Mount Makiling gehört zu den bekanntesten Vogelbeobachtungsgebieten des Landes; Vogelkundler aus aller Welt kommen hierher, um die vielen hier heimischen Vogelarten zu sehen. Einige besonders gute Möglichkeiten bieten sich in den Randgebieten des Universitätsgeländes – so etwa rund um das Institute of Forest Conservation (IFC) und den Botanischen Garten –, denn hier gibt es viele Bäume, aber das Blätterdach ist nicht allzu dicht, sodass man die Vögel gut sehen kann.

Für Wanderer gibt es einen ausgezeichneten Weg zum Gipfel, der unmittelbar neben dem IFC beginnt. Früher war dieser Pfad eine Straße; daher ist er breit und nicht allzu steil, und somit bietet er eine der in den Schutzgebieten seltenen Gelegenheiten, ohne Führer zu wandern. Für eine Tour zum Gipfel und zurück zum Campus sollte man einen ganzen Tag einplanen und ausreichend Trinkwasser mitnehmen.

Nach etwa einer Stunde gelangt man in den Makiling Rainforest Park, eine Lichtung im Wald, die häufig von

der daran erinnert, dass dieser Vulkan noch keinesfalls erloschen ist, sondern sich lediglich im Ruhezustand befindet. Einheimische Wissenschaftler haben festgestellt, dass Mudsprings sich in den letzten 15 Jahren auf das Zehnfache vergrößert hat, und bei einigen Experten kommt Besorgnis auf, die vulkanischen Aktivitäten könnten weiter zunehmen.

Nach der Rückkehr auf den Hauptweg wird der Aufstieg steiler und die alte Straße ist zunehmend stärker zugewachsen, obwohl sie im Vergleich zu anderen Waldwegen immer noch breit ist. Schließlich gelangt man zum Peak Two, einem von drei Gipfeln des Mount Makiling, den zerklüfteten Überresten eines Vulkankraters. Selbst hier auf dem Gipfel ist der Wald noch ziemlich dicht, abgesehen von kleineren Rodungen, die von Campern auf der Suche nach Feuerholz geschlagen wurden. Einen freien Rundblick hat man deshalb von hier oben nicht.

Der Botanische Garten ist unbedingt einen Besuch wert – nicht nur wegen des Einblicks, den er in einen Dipterokarpazeenwald gewährt, sondern auch wegen der Raubvogelstation, dem Philippine Raptor Center, das auf einem kleinen Gelände im Wald liegt. Hier werden verschiedene einheimische Raubvogelarten gehalten, darunter zwei eindrucksvolle Exemplare des Philippinenadlers und eine Philippinen-Schlangenweihe namens Leila, die so zahm ist, dass sie den ganzen Tag auf einer Sitzstange im Freien verbringt und sich selbst vollkommen fremden Personen auf den Arm setzt.

Unten: *Die herrlichen Blüten des Kanonenkugelbaums* (Couroupita guianensis) *wachsen hoch oben in den Baumwipfeln auf dem Campus der University of the Philippines.*

Oben: *Eine Winkelkopfagame, eine der größten Echsen der Philippinen, auf einem Baum im unteren Bergwald an den Hängen des Mount Makiling.*

Schulklassen und anderen Gruppen als Picknickplatz genutzt wird. Ganz in der Nähe erstreckt sich eine alte Mahagonipflanzung, die nun ein dichter Wald ist; sie wurde im Zuge des Wiederaufforstungsprogramms angelegt. Kurz darauf zeigt ein kleiner Wegweiser eine Abzweigung vom Hauptweg zum so genannten Mudspring-Gebiet an. Dies sind mitten im Wald verborgene, kochende und dampfende Schlammlöcher – ein unheimlicher Anblick,

Bulusan Volcano National Park

Ein vulkanische Seenlandschaft

Der Mount Bulusan ist einer von drei aktiven Vulkanen im äußersten Süden der Insel Luzon, einer Region, die Bicol genannt wird. Der Berg ist der südlichste der von Nordwesten nach Südosten verlaufenden Vulkankette (Bicol Volcanic Chain), die die erloschenen Vulkane Labo, Isarog und Malinao sowie die aktiven Vulkane Bulusan, Iriga und Mayon umfasst. Der 1935 etablierte Park liegt in der Provinz Sorsogon an der Südspitze von Luzon, etwa 60 km südlich von Legaspi, der größten Stadt in Bicol. Er umgibt den Mount Bulusan und ist auf seiner Fläche von 3700 ha mit einer Mischung aus Wald und Grasland bewachsen.

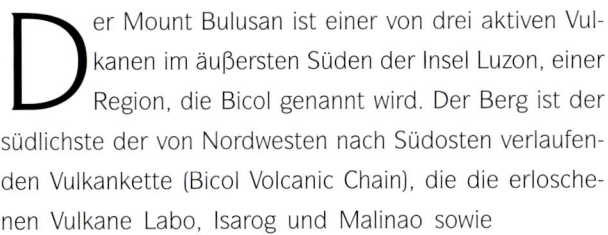

Der Nationalpark und seine Umgebung

Der Park liegt in der Nähe einer kleinen Stadt, die ebenfalls Bulusan heißt. Sie liegt an der Ostküste von Sorsogon, und von hier steigt das mit dichter Vegetation bedeckte Land steil zum Vulkan auf. Die ruhige Landstraße, die an der Südseite des Parks entlang verläuft, verbindet das Städtchen Bulusan mit Irosin, dem Zentrum der Region. Mit 1559 m ist der aktive Krater des Mount Bulusan der höchste Punkt im Park; andere Berge innerhalb seiner Grenzen sind Mount Jormajam und Sharp Peak. Weiterhin gibt es drei Seen, der kleine Blackbird Lake liegt neben dem Krater. Lake Aguingay ist in ein Tal zwischen Mount Bulusan und Sharp Peak gebettet,

Oben rechts: *Diese* Episcia *wächst auf dem Boden einer Lichtung am Lake Bulusan.*

und auf 600 m liegt der unterste See, Lake Bulusan. Mit einer Wasserfläche von 16 ha ist er der größte und zugleich der am besten zugängliche der drei Seen, denn hier befindet sich der Hauptzugang zum Park, zu dem ein befahrbarer Weg führt, der von der Straße Irosin–Bulusan abzweigt.

Rund um den Park liegen zahlreiche Dörfer, aber nur sehr wenige Menschen leben innerhalb seiner Grenzen. Weder im Park selbst noch in seiner Umgebung leben Gruppen der ethnischen Minderheiten des Landes. In der Nähe mehrerer Dörfer gibt es heiße und kalte Quellen, von denen besonders die Masacrot Hot Springs am Südende des Parks sowie die Mateo Hot and Cold Springs im Westen erwähnenswert sind.

Flora und Fauna

Obwohl der Park relativ klein ist und Beschädigungen durch Holzeinschlag und Landwirtschaft aufweist, sind etwa 2650 ha – ein Großteil seiner Fläche – mit Bäumen bewachsen. Das unbewaldete Land an den oberen Hängen des Mount Bulusan ist überwiegend Grasland, denn hier, auf dem vulkanischen Gestein, wo der Boden unfruchtbar ist und gelegentlich Eruptionen auftreten, gedeihen keine Bäume.

Guter Wald mit vielen Dipterokarpazeen wächst rund um den Lake Bulusan sowie an einigen unzugänglicheren Berghängen tiefer im Park. Oberhalb von 1000 m gibt es außerdem an den Hängen von Mount Bulusan und Sharp Peak mehrere Mooswaldgebiete.

Lage: In der Provinz Sorsogon, ganz im Süden von Luzon; 60 km südlich von Legapsi.

Klima: Ganzjährig Niederschläge ohne ausgesprochene Trockenzeit, von März bis Mai weniger Regen. Hohe Luftfeuchtigkeit. Temperaturen in den Bergen kühler als im Tiefland: etwa 30 °C am Lake Bulusan und 10–15 °C auf dem Gipfel des Mount Bulusan.

Beste Reisezeit: Von März bis Mai, wegen der verminderten Niederschläge. Taifune können Besuche zwischen Juni und November erschweren.

Anreise: Täglich Flüge von Manila nach Legapsi; Busverbindungen weiter nach Sorsogon und Irosin. Dort mietet man am besten einen Jeepney für die Fahrt nach San Roque oder Lake Bulusan.

Genehmigungen: An den Parkeingängen erhältlich; Wanderern, die den Mount Bulusan besteigen wollen, wird bei Eruptionswarnung der Zugang verweigert.

Ausrüstung: Gute Wanderschuhe, Kamera, Fernglas, warme Kleidung und komplette Campingausrüstung für Wanderungen auf den Mount Bulusan.

Einrichtungen: Guter Weg um den Lake Bulusan mit Aussichtspunkt von einem Hügel. Wanderweg zum Gipfel des Mount Bulusan. Heiße Quellen bei Masacrot. Heiße und kalte Quellen bei Mateo. Palogtok-Wasserfall in der Nähe von Masacrot.

Flora und Fauna: Bisweilen kreisen Raubvögel am Himmel. Waldvögel sind gelegentlich beim Lake Bulusan zu sehen. Eidechsen sieht man häufig im Wald. Ausgezeichneter Dipterokarpzeenwald um den Lake Bulusan.

Aktivitäten: Wanderungen, Vogelbeobachtung.

Oben: *Ein Fischer paddelt in seinem Auslegerboot über den Lake Bulusan.*

Rechts: *Blick über den von Regenwald umgebenen Lake Bulusan auf den Sharp Peak, einen der drei Berge des Parks.*

Die meisten Wildtierarten des Parks findet man in der Gegend um den Lake Bulusan. 67 Vogelarten sind bislang identifiziert worden, von denen 33 nur auf den Philippinen vorkommen und fünf nur auf Luzon bzw. auf Luzon und den angrenzenden Inseln endemisch sind, darunter Dolchstichtaube, Tariktikhornvogel, Malkoha-Arten und eine Raupenfängerart.

Es sind erst elf Säugetierarten bestimmt worden, darunter vier Arten von Flughunden, die gefährdete Riesenborkenratte und der Philippinensambar. Es scheint, dass der Wald um den Lake Bulusan ausgesprochen reich an Reptilien ist, denn häufig sieht man kleine Eidechsen vom Weg huschen, wenn Wanderer sich nähern. Bisher wurden zwölf Arten identifiziert.

Wanderungen um den See und auf die Berge

Der Lake Bulusan ist vollständig von Wald umgeben; von seinen Ufern hat man einen schönen Blick über das Wasser zum Sharp Peak. Ein Weg führt rund um den See und bietet zahlreiche Möglichkeiten zur näheren Erkundung des Waldes. Auf einem Hügel oberhalb des südöstlichen Ufers wurde eine Aussichtsplattform erbaut, um einen besseren Blick auf das gebirgige Innere des Parks zu ermöglichen.

Leider gibt es keinen Weg vom See in die inneren Regionen des Parks, aber von dem nahe gelegenen Dorf San Roque aus führt ein Pfad auf den Gipfel des Mount Bulusan. Man braucht unbedingt einen Führer für seine Besteigung und muss mindestens eine Nacht unter freiem Himmel zelten; in der Regel wird am Ufer des Lake Aguingay übernachtet.

Beachten Sie, dass der Mount Bulusan recht aktiv ist und gelegentlich für Wanderer gesperrt wird, wenn Eruptionen drohen.

Rechts: *Farne gedeihen im feuchtwarmen Klima der Regenwälder ausgezeichnet. Es gibt Hunderte von Arten, von denen viele auf den Philippinen endemisch sind.*

Ganz links: *Schraubenpalmen variieren von buschartigen Pflanzen am Strand über schlanke Urwaldbäume bis hin zu Kletterpflanzen wie dieser. Sie kommen in den Wäldern des Landes sehr häufig vor und sind an ihren langen, schmalen Blättern, die an den Rändern mit messerscharfen Stacheln bewehrt sind, leicht zu erkennen.*

Links: *Glattechsen sieht man oft über den Waldboden um den Lake Bulusan huschen.*

MOUNT ISAROG NATIONAL PARK

Ein Vulkankegel erhebt sich aus der Ebene

In der Bicol-Region im äußersten Süden von Luzon erhebt sich der gewaltige Kegel des Mount Isarog unvermittelt aus dem flachen Ackerland östlich von Naga, der Hauptstadt der Provinz Camarines Sur. Der mit Berg- und Mooswald bewachsene Vulkan wurde 1938 zum Nationalpark erklärt und umfasst eine Fläche von 10 000 ha. Das Schutzgebiet zählt zu den bekanntesten des Landes, und es beheimatet eine reiche Tierwelt, zu der auch einige Säugetiere zählen, die nur auf seinen Hängen vorkommen.

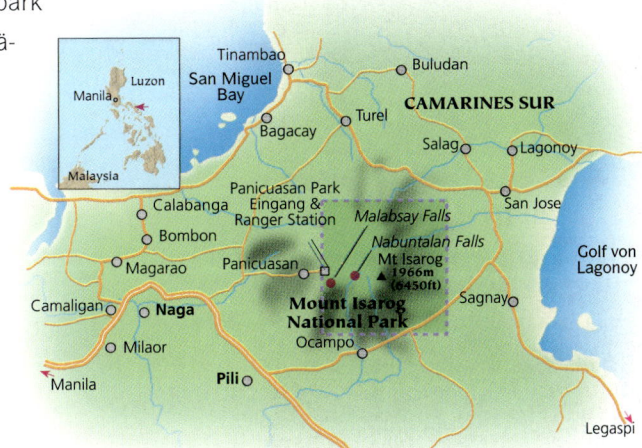

Ein erloschener Vulkan

Mit einer Höhe von 1966 m ist Mount Isarog der höchste Berg der Provinz Camarines Sur. Er liegt in der Mitte der Vulkankette (Bicol Volcanic Chain), einer Gruppe von sechs Vulkanen, von denen drei aktiv sind – nicht jedoch der Mount Isarog. Der Berg hat zwei Krater; im tie-

Gegenüber oben: *Hinter dem Ackerland nahe der Stadt Naga liegt der erloschene Vulkan Mount Isarog im Licht des frühen Morgens.*

Gegenüber unten links: *Der Philippinenadler ist ein seltener Bewohner dieser Wälder.*

Gegenüber unten rechts: *Die Tradescantia wächst am Rande des Weges, der durch den Wald zu den Malabsay-Fällen führt.*

Oben rechts: *Forstarbeiter bereiten Setzlinge, die am Mount Isarog gezogen werden, für den Transport in ein Wiederaufforstungsprojekt vor.*

fer gelegenen, östlichen Krater stoßen einige Fumarolen ständig Dampfwolken und Schwefelgase aus. Auch sprudeln mehrere heiße Quellen in den abgelegeneren Bereichen des Parks.

Der Mount Isarog erhebt sich auf einem schmalen Landabschnitt mit außerordentlich stark zerklüfteter Küste, südöstlich der eng umschlossenen San Miguel Bay und westlich des offeneren Golfes von Lagonoy. Der Haupteingang des Parks liegt in Panicuasan, 17 km östlich von Naga.

Der Berg ist vollständig von landwirtschaftlichen Nutzflächen umgeben, und auch innerhalb der Parkgrenzen kommt es immer wieder zu Störungen durch Ackerbau und geringfügigen, illegalen Holzeinschlag. Etwa 4000 Menschen leben im Park, darunter auch eine größere Gruppe von Agta, der hiesigen ethnischen Minderheit. Sie siedeln überwiegend an der Südseite des Mount Isarog, in der Nähe der Ortschaft Ocampo. Trotz des Populationsdrucks sind noch etwa 60 % des Waldes intakt, und dank lokaler Bemühungen gibt es mehrere Wiederaufforstungsprogramme.

Naturschutz und Erforschung neuer Arten

Zwar gibt es in der Umgebung des Parkeingangs bei Panicuasan auf einer Höhe von etwa 400 m einige Waldgebiete, aber bis auf 900 m Höhe ist der Wald immer wieder durch Ackerland unterbrochen. Erste Untersu-

Lage: In der Provinz Camarines Sur in der Bicol-Region, Südluzon. Der Parkeingang liegt 17 km östlich der Provinzhauptstadt Naga.

Klima: Die Ostseite von Isarog hat ein anderes Klima als die Westseite: Im Westen regnet es gleichmäßig das ganze Jahr über, der dem offenen Meer zugewandte Osten erhält von November bis Februar sehr viel Regen. Im Tiefland ist es gewöhnlich über 30 °C heiß, aber am Gipfel fallen die Temperaturen oft unter 10 °C; Regen und Nebel machen das Wetter noch ungemütlicher.

Beste Reisezeit: Je nach Wetterlage kann die Naga-Seite ganzjährig besucht werden, aber von Juni bis Oktober besteht Taifungefahr.

Anreise: Von Manila mehrere Flüge pro Woche nach Naga sowie tägliche Flüge nach Legaspi und von dort in zweistündiger Busfahrt nach Naga. Nun mit öffentlichem Jeepney zum Dorf Panicuasan und weiter zum Parkeingang mit angemietetem Jeepney oder zu Fuß (2 km).

Genehmigungen: Die für Gipfelbesteigungen erforderliche Genehmigung wird im Parkbüro in Naga ausgestellt. Besucher, die nur zum Wasserfall möchten, erhalten die Genehmigung in der Ranger-Station in Panicuasan.

Ausrüstung: Wanderschuhe, Regenschutz, Anti-Blutegel-Socken, Kamera, Fernglas, Campingausrüstung für Gipfelbesteigungen.

Einrichtungen: Pfade zum Wasserfall und zum Gipfel. Kleine Rodungen am Weg zum Gipfel dienen als Zeltplätze. Bei der Ranger-Station in Panicuasan gibt es einige Picknicktische. Führer stehen vor Ort zur Verfügung.

Flora und Fauna: Berg- und Mooswald; Waldvögel.

Aktivitäten: Wandern, Vogelbeobachtung.

Oben: *Ein Gebirgsbach strömt durch dichten Wald in der Nähe der Nabuntalan-Fälle.*

Gegenüber: *Diese reizvolle Kaskade im Wald am Fuße des Mount Isarog ist der Malabsay-Wasserfall.*

Rechts: *Eine Raupe sucht am Waldrand nach Nahrung.*

chungen zur Fauna des Parks wurden 1961 durchgeführt, und es konnten 135 Vogelarten bestimmt werden. Damit zählt Isarog zu den philippinischen Schutzgebieten mit der höchsten Anzahl an Vogelarten. Leider ergaben neue Studien aus dem Jahr 1988, dass 27 der Tiefland-Vogelarten in Folge der Waldzerstörung aus dem Gebiet verschwunden sind.

Allerdings konnte dieselbe Studie auch eine neue Nagetierart nachweisen, eine Nasenratte. Dieser ungewöhnliche Nager kommt nur in den Mooswäldern des Mount Isarog vor und ernährt sich fast ausschließlich von Regenwürmern. Insgesamt leben hier 45 Säugetierarten, darunter vier im Park endemische, und die meisten von ihnen sind Bewohner des Mooswaldes. Vorwiegend handelt es sich um Nagetiere und Fledermäuse, es gibt aber auch Pustelschweine, Philippinensambars und Javaneraffen.

1990 wurde Isarog als eines von fünf philippinischen Schutzgebieten in das Programm »debt-for-nature« (Schulden gegen Natur) aufgenommen. Dabei handelt es sich um ein Tauschhandelmodell, bei dem der Erlass staatlicher Schulden mit Zugeständnissen an den Naturschutz ausgeglichen wird. Im Rahmen dieses Programms wurde der Mount Isarog der Verwaltung der privaten Haribon Foundation unterstellt.

Die Haribon Foundation führte erstmals in der Region Bildungsprogramme für die Bevölkerung durch und bemühte sich um alternative Einkommensquellen, mit denen die Menschen ihren Lebensunterhalt verdienen können, ohne dabei die Umwelt zu zerstören. Seit 1995 gehört der Park zum National Integrated Protected Areas Programme (NIPAP), das von der Europäischen Union finanziert und teilweise auch verwaltet wird, und durch das die Schutzmaßnahmen für acht besonders schützenswerte Gebiete des Landes verbessert werden sollen.

Ausflüge im Park

Der Haupteingang zum Park befindet sich bei der Ranger-Station in Panicuasan. Von hier aus kann man einen steilen Pfad in eine bewaldete Schlucht hinabsteigen, wo der schöne Malabsay-Wasserfall wie ein Strang aus Wasser in ein Becken stürzt und dann in einen schäumenden Urwaldfluss übergeht. Eine weitere, kurze Wanderung von etwa 20 Minuten führt bergauf in dichten Wald zum ebenso großen und kraftvollen Nabuntalan-Wasserfall.

Es gibt nur einen Wanderweg für Besucher zum Gipfel, und dieser beginnt ebenfalls bei der Ranger-Station. Zunächst ist der Weg identisch mit dem, der zum Nabuntalan-Wasserfall führt, aber dann setzt er sich steil bergauf durch eine Mischung aus Ackerland und Sekundärwald bis in den höher gelegenen Bergwald fort. Nun folgt eine ermüdende und meistens feuchte Kletterpartie durch den Mooswald zum Gipfel des Kraters. Man sollte mindestens eine Nacht am Berg verbringen und sich auf jeden Fall einem Führer anvertrauen. Am Wegesrand gibt es mehrere Zeltplätze, die den Führern bekannt sind.

MINDORO

Mindoro ist eine wilde, gebirgige Insel, dünn besiedelt und wenig entwickelt. Die Nordspitze ist nur 130 km von Manila entfernt, aber dennoch ist die Insel eine völlig andere Welt, weitab vom Lärm und von der Geschäftigkeit der Großstadt, von Verkehrsstaus und Mobiltelefonen.

Die Mehrheit der Bevölkerung von Mindoro lebt an den Küsten, denn das gesamte Inland besteht aus einer Bergkette. Die höchsten Erhebungen sind Mount Halcon (2587 m) und Mount Baco (2487 m) – beide Mittelpunkte bedeutender Naturräume. Die wenigen Menschen, die im Inselinnern leben, sind indigene Mangyan, eine ethnische Minderheit, die allerdings mit 30 000 Mitgliedern von beachtlicher Größe ist. Die Mangyan haben ausgeprägte Traditionen und eine starke kulturelle Identität, auf die viele von ihnen stolz sind, aber die meisten von ihnen leben in bitterer Armut.

Obwohl die Insel wild ist, ist sie nicht naturbelassen. Im Verlauf des 20. Jahrhunderts wurde der einst dichte Wald so stark gerodet, dass heute nur noch isolierte Flecken übrig sind. Dies ist ein ernster Zustand, denn Mindoro ist einer von fünf Fauna-Großräumen der Philippinen mit einer einzigartigen Tierwelt. Hierzu zählt der berühmte Tamarau oder Mindorobüffel, ein Zwergbüffel, der heute nur noch in wenigen abgelegenen Gebieten überlebt hat. Von sechs endemischen Vogelarten stehen drei vor der Ausrottung. Um die Natur zu schützen, wurden einige Waldgebiete zum Mounts Iglit-Baco National Park zusammengefasst. Zu den leicht zugänglichen Wäldern gehört der Sablayan Watershed Forest unweit der Westküste. Das Gebiet um den Mount Halcon steht zwar nicht unter Schutz, ist aber dennoch eines der größten und ursprünglichsten Waldareale von Mindoro.

Vor den Küsten liegen einige der schönsten Korallenriffe des Landes. Am besten zugänglich sind die Riffe bei Puerto Galera ganz im Norden der Insel, und der Apo Reef Marine Natural Park, 30 km vor der Westküste, beherbergt einen der größten Atollriffkomplexe des Landes.

MOUNT HALCON

Eine wilde Bergwelt

Mit einer Höhe von 2587 m ist der Mount Halcon der höchste Berg von Mindoro. Seine Umgebung ist die wildeste und schroffste Region der ohnehin sehr gebirgigen Insel, und hier gedeiht einer der größten verbliebenen Wälder der Insel. Offiziell steht der Berg unter Naturschutz, aber da es bislang keine Kontrollinstanz vor Ort gibt, sind die Grenzen des Parks praktisch bedeutungslos.

Schroffes Bergland und einzigartige Lebensräume

Der gewaltige Berg erhebt sich unmittelbar aus der Küstenebene von Ostmindoro südwestlich der Stadt Calapan. Der Mount Halcon ist nicht vulkanischen Ursprungs sondern entstand vor Millionen von Jahren durch massive Auffaltungen. Vermutlich ist er ein Frag-

Gegenüber oben: Der Gipfel des Mount Halcon, von einer Lichtung bei Camp One aus gesehen.

Gegenüber unten: Durchquerung eines Flusses im Hügelland an den unteren Hängen des Mount Halcon.

Oben rechts: Der Ausgangspunkt für jede Besteigung des Mount Halcon ist das Hauptquartier der Halcon Mountaineers in Calapan.

Seite 54: Blick von den Hängen des Mount Malasimbo auf die Küste von Puerto Galera.

Seite 55: Der Malaienstar kommt sowohl im Farmland als auch im Wald häufig vor.

ment des südostasiatischen Festlandes. Daher findet man hier geologische Gemeinsamkeiten mit dem malaysischen Mount Kinabalu, und die Pflanzenwelt bildet einen Übergang zwischen Borneo und Palawan einerseits sowie den übrigen Philippinen andererseits.

Zur Besonderheit des Naturraums um den Mount Halcon tragen außerdem die schier unglaublichen Niederschlagsmengen bei. Es gibt keine Trockenzeit, und täglich gehen schwere Regengüsse nieder. Enorme Fruchtbarkeit ist deshalb garantiert, besonders in den Mooswäldern oberhalb von 1400 m. Hier sind die Bäume mit dicken Lagen von tropfendem Moos, von Orchideen, Farnen, Kannenpflanzen, anderen Epiphyten und Kletterpflanzen überwuchert. Überall trifft man auf Wasser – in stehenden Gewässern wie in wilden, klaren Flüssen, die über die Berghänge ins Tal rauschen. 21 Wasserfälle, von denen noch keiner einen Namen hat, donnern über Felsen. Sechs von ihnen sind von einer hochgelegenen Stelle am Berg gleichzeitig zu sehen. Die Macht der Natur ist in dieser wilden unberührten Landschaft noch ungebrochen.

Auf einem solch großen Berg müsste man eigentlich ein breites Spektrum von Habitaten vorfinden – von Tiefland-Dipterokarpazeen-Wald über Berg- und Mooswald bis hin zu Grasland oberhalb der Baumgrenze. Leider wurden jedoch alle zugänglichen Bereiche des Dipterokarpazeenwaldes zur Gewinnung landwirtschaftlicher Nutzflächen gerodet, und wenn auf den verlassenen Fel-

Lage: Im Norden der Provinz Oriental Mindoro, etwa 20 km südwestlich der Provinzhauptstadt Calapan.

Klima: Extrem nass. Das ganze Jahr über regnet es fast täglich, nur April und Mai sind etwas trockener. Die Temperaturen liegen im Tiefland meist über 30 °C, am Camp One dagegen oft nur bei 10 °C, und auf dem Gipfel können sie bei Regen sogar auf 5–6 °C fallen.

Beste Reisezeit: April und Mai. Während der Taifun-Saison von Juni bis November ist von Bergtouren dringend abzuraten, da diese Stürme in den Bergen sehr schlechte Wetterbedingungen mit sich bringen.

Anreise: Mit dem Bus von Manila nach Batangas, dann mit der schnellen Katamaranfähre nach Calapan und mit einem Mietwagen nach Lantuyang.

Genehmigungen: Im Büro der Halcon Mountaineers in Calapan erhältlich. Außerdem muss beim *barangay captain* (Dorfoberhaupt) in Lantuyang eine Eintrittsgebühr entrichtet werden.

Ausrüstung: Komplette Verpflegung sowie Wander- und Campingausrüstung; wasserdichte Kleidung und Rucksäcke; feste Wanderschuhe, Insektenschutzmittel, Anti-Blutegel-Socken, Fernglas, Kamera.

Einrichtungen: Die Halcon Mountaineers haben ausgezeichnete Bergführer und eine Funkverbindung vom Basiscamp in Calapan über die gesamte Wegstrecke zum Gipfel. Die einzigen Zeltplätze im Wald sind gerodete Flächen. Viele Wasserläufe im Wald halten sauberes Trinkwasser bereit. Übernachtungsmöglichkeiten in Calapan.

Flora und Fauna: Sehr reichhaltige Pflanzenwelt; Wildtiere – außer Blutegel – sind schwierig zu beobachten.

Aktivitäten: Bergsteigen, Fotografie.

[Karte: Mindoro mit Mount Halcon]

Nach Batangas
Escarceo Point
Verde Island Passage
Puerto Galera
Dulangan River
San Teodoro
Calapan — Calapan Point
Base Camp
Silonay
Baco
Naujan
Lagarinan Point
Lumangbayan
Manila
Mindoro
Mt Dulangan
MINDORO
Mt Halcon
2587m
(8488ft)
Malaysia
Bungao
Victoria — Tigbao
Mount Halcon
Naujan Lake
Pola

Rechts: *Ein Farbklecks im Grün des Waldes ist diese blühende Medinilla, ein Strauch, der in Bergwäldern mittlerer Höhe gedeiht.*

Ganz rechts: *Kannenpflanzen sieht man gelegentlich im Mooswald, besonders auf sehr nährstoffarmen Böden.*

Unten: *Die Bäume im Bergwald sind mit Girlanden verschiedenster Orchideen behängt, von denen viele so kleine Blüten haben, dass man sie in der dichten Vegetation leicht übersieht.*

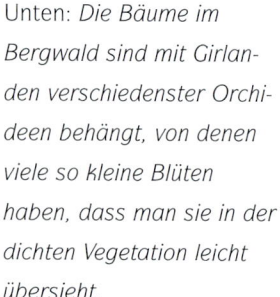

dern schließlich wieder Bäume wachsen, hat sich das Habitat bereits in Bergwald gewandelt. Dieser besteht aus hohen geraden Bäumen, die jedoch wesentlich kleiner als Dipterokarpazeen sind. Viele von ihnen sind mit Kletterbambus und mit zunehmender Höhe mit einer wachsenden Anzahl von Epiphyten, insbesondere Orchideen und Farnen, bewachsen. Auf etwa 1400 m geht der Bergwald in nasskalten und fruchtbaren Mooswald über, der bis zu einer Höhe von 2000 m gedeiht. Dann weichen die Bäume endgültig dem Grasland, das bis zur Gipfelregion hinaufreicht.

Die Menschen des Berges

In mehreren Dörfern an den unteren Berghängen des Mount Halcon leben einige Hundert Angehörige der Mangyan, der indigenen Bevölkerung von Mindoro. Man unterscheidet sieben Hauptgruppen dieser Ethnie, die über die ganze Insel verstreut siedelt. Die hier beheimatete Gruppe heißt Alangan.

Die meisten von ihnen sind ausgesprochen arme Bauern und spielen kaum eine Rolle für die Wirtschaft des Landes; stattdessen leben sie vom Brandrodungswanderfeldbau. Diese Form der Landwirtschaft war zwar nicht

der Grund für die massive Entwaldung, unter der die Insel in den vergangenen 50 Jahre gelitten hat, aber die Tatsache, dass die Mangyan auch weiterhin an ihr festhalten, bedroht die verbliebenen natürlichen Lebensräume.

Aufstieg zum Gipfel

Obwohl Mount Halcon nicht der höchste Berg der Philippinen ist, stellt er zweifellos die größte bergsteigerische Herausforderung dar, die das Land zu bieten hat. Ein Grund hierfür ist, dass der Aufstieg auf einer Höhe von nur 50 m über dem Meeresspiegel beginnt. Zudem führt der Weg nicht direkt zum Gipfel, sondern zunächst muss der 1500 m hohe Mount Dulangan bestiegen werden, der den direkten Zugang zum Mount Halcon versperrt. Vom Gipfel des Dulangan fällt der Weg ab auf eine Höhe von 500 m zum gleichnamigen Fluss, bevor er sich nun bis zum Gipfel des Halcon fortsetzt. Insgesamt überwindet man somit 4580 Höhenmeter, und das ist mehr als vom Basiscamp zum Gipfel des Mount Everest!

Der Ausgangspunkt ist das Base Camp der Halcon Mountaineers, einer erfahrenen Gruppe von Bergsteigern in Calapan. Sie organisieren und führen den Aufstieg – ein lebensnotwendiger Service für Expeditionen in diese

wilde Region. Der Aufstieg beginnt in der Mangyan-Siedlung Lantuyang. Zunächst führt der Weg drei Stunden lang über Ackerland bis der Wald beginnt. Nach mehreren Wegstunden durch Berg- und später Mooswald ist der Gipfel des Mount Dulangan erreicht; danach geht es sofort wieder bergab. Nach 100 Höhenmetern gelangt man zu Camp One, einem von zwei möglichen Plätzen für die erste Übernachtung. Der Wald ist hier teilweise durch Blitzschläge und anschließende Erosion zerstört, weshalb hier eine spezialisierte Flora mit Hunderten winziger Sonnentaupflanzen zu finden ist. Außerdem hat man durch die kahlen Stellen einige herrliche Ausblicke auf riesige Wasserfälle und auf den Gipfel des Mount Halcon.

Von Camp One geht es weiter steil bergab zum Dulangan River, an dessen Ufer der zweite Übernachtungsplatz, Camp Two, liegt. Nachdem man den Fluss durchwatet hat, führt der Weg über 1000 Höhenmeter steil zum Gipfel. Zumeist zwängt er sich durch dichten Mooswald, doch gelegentlich durchquert er auch raues, offenes Grasland. In den oberen Bereichen ist der Weg teilweise sehr steil. Ein Abschnitt muss auf einer Leiter überwunden werden, und danach geht es über eine Stelle, die sehr treffend Knife Edge (Messers Schneide) genannt wird. Doch schließlich ist der Gipfel erreicht, und der müde Bergsteiger wird an klaren Tagen mit atemberaubenden Blicken über die Insel Mindoro belohnt.

Oben: Der Mooswald am Mount Halcon ist ein unberührtes Biotop mit einem Gewirr von Bäumen, herabhängendem, tropfnassem Moos sowie zahlreichen Wasserläufen.

PUERTO GALERA MARINE RESERVE

Eine gut geschützte Unterwasserwelt

Puerto Galera ist ein bekanntes und wunderschönes Strandgebiet an der Nordspitze von Mindoro, etwa 130 km südlich von Manila. Neben den unzähligen Stränden an den Buchten und Inseln gibt es unter der Wasseroberfläche Korallenriffe, die zu den eindrucksvollsten des Landes zählen. Daher überrascht es nicht, dass das Gebiet eines der beliebtesten Ausflugsziele der Philippinen ist. Sowohl Besucher aus dem Ausland als auch Filipinos kommen hierher, um die wunderbare Landschaft über und unter Wasser zu genießen.

UNESCO-Schutz für die Riffe

Die Riffe hier sind so groß und vielfältig, dass sie schon seit Jahren Gegenstand wissenschaftlicher Untersuchungen sind. Die University of the Philippines gründete hier

Gegenüber links oben: *Das Füttern der Fische ist bei Tauchern sehr beliebt, obwohl man darauf verzichten sollte.*

Gegenüber links Mitte: *Mit ausgefahrenen Tentakeln jagen Tubastraea-Beckenkorallen nach Nahrung.*

Gegenüber links unten: *Eine Riffmuräne lauert in einer Spalte auf Beute.*

Gegenüber: *Fass-Schwämme, umgeben von Hart- und Weichkorallen, sieht man häufig an den Riffen von Puerto Galera.*

Oben rechts: *Big La Laguna Beach gehört zu den schönsten und beliebtesten Stränden von Puerto Galera.*

bereits 1934 ein Zentrum für Meeresforschung. Im Jahr 1973 ernannte die Organisation der Vereinten Nationen für Erziehung, Wissenschaft und Kultur (UNESCO) die Riffe von Puerto Galera zum Biospährenreservat (»Man and the Biosphere Marine Reserve«). Gleichzeitig wurde auch das bewaldete Gebirge im Hinterland, vornehmlich die Berge Malasimbo und Talipanan, unter Schutz gestellt, womit die weltweite Bedeutung der gesamten Puerto-Galera-Region gewürdigt wurde.

Während die möglichst natürliche Erhaltung der Gebiete auf dem Festland sich weiterhin schwierig gestaltet, konnten die Schutzmaßnahmen im Meeresreservat mit großem Erfolg umgesetzt werden. Daher sind die meisten Riffe von Puerto Galera heute in ausgezeichnetem Zustand. Sie verfügen über eine große Vielfalt an Lebensformen und bieten damit einige der besten Tauch- und Schnorchelmöglichkeiten des Landes. Obwohl die Forschungsstation der Universität vor einiger Zeit geschlossen wurde, führen Wissenschaftler aus Manila hier auch weiterhin gelegentlich Untersuchungen durch. Der Schutz der Riffe ist keinem Regierungsprogramm zu verdanken, sondern den Bemühungen der Einheimischen: Fischer, Hotelbesitzer und Tauchstationen setzen sich dafür ein, dass die Einheimischen vom Reichtum der Unterwasserwelt profitieren.

Ein beliebtes Strandgebiet

Der Hauptort der Region ist die kleine Stadt Puerto Galera in der Muelle Bay mit ihrem malerischen Naturhafen, der fast vollständig umschlossen ist von einer Halbinsel

Karte:
Verde Island Passage
Puerto Galera Marine Reserve
Long Beach
San Antonio
Big La Laguna Beach
Small La Laguna Beach
Sabang
Sinandigan
Boquete
Muelle Bay
PUERTO GALERA PENINSULA
Puerto Galera
Hundura Beach
Manila
Mindoro
Malaysia

Lage: In der Provinz Oriental Mindoro, an der Nordspitze der Insel, 130 km südlich von Manila.

Klima: Keine Trockenzeit: Niederschläge das ganze Jahr über. Im April und Mai regnet es gewöhnlich etwas weniger. Meist ist es über 30 °C heiß, aber der Seewind lässt es in den Nächten v. a. im Januar oft abkühlen. Die Luftfeuchtigkeit liegt stets bei etwa 80 %.

Beste Reisezeit: Man kann das ganze Jahr über an den Riffen tauchen, aber von März bis Oktober soll die beste Zeit sein.

Anreise: In dreistündiger Busfahrt von Manila nach Batangas, dann mit der Fähre nach Puerto Galera (1–2 Stunden, je nach Schiffstyp). Von der Anlegestelle mit Boot, Motorradriksha oder Jeepney zum Strand Ihrer Wahl.

Genehmigungen: Nicht erforderlich.

Ausrüstung: Badekleidung, Sonnenbrille, Sonnencreme mit hohem Schutzfaktor, Kamera. Tauch- und Schnorchelausrüstung kann vor Ort gemietet oder aber mitgebracht werden.

Einrichtungen: Viele Übernachtungsmöglichkeiten am Strand. Die meisten Tauchbasen sind in Sabang sowie an den Stränden Big und Small La Laguna Beach; einige weitere Tauchbasen am White Beach. Überall werden Tauchkurse für alle Ausbildungsstufen angeboten. Mietboote stehen für Tauch- und Schnorchelgänge und für Bootsfahrten zur Verfügung.

Flora und Fauna: Unter Wasser wimmelt es von unterschiedlichsten Korallen- und Fischarten. Schmetterlings- und Halfterfische, Süßlippen und Soldatenfische sind häufig zu sehen. An einigen Tauchplätzen finden sich riesige Fass-Schwämme.

Aktivitäten: Stranderkundungen mit dem Boot oder zu Fuß, Tauchen, Schwimmen, Schnorcheln.

Oben: *Ein Tauchboot ankert vor Big La Laguna Beach.*

Rechts*: Dieser Linckia-Seestern ist ein sehr häufiger Bewohner der Riffe von Puerto Galera.*

im Osten und den Inseln Boquete und San Antonio im Westen. Die Ankunft mit der Fähre von Luzon ist bereits ein Erlebnis: Vorbei an mehreren Inseln und Landzungen geht es in die versteckte Muelle Bay, deren glitzerndes, türkisblaues Wasser von grünen, mit Kokospalmen bewachsenen Hügeln eingerahmt ist. Leuchtend weiße Schiffe liegen in der Bucht verstreut vor Anker, während sich im Hintergrund der grüne Mount Malasimbo auftürmt, dessen Gipfel stets in Wolken gehüllt ist.

Am Kai angekommen, bemerkt man zunächst die Stadt kaum – nur ein paar Dächer sind zwischen den Kokospalmen zu sehen sowie eine Reihe von Geschäften und Cafés entlang der Uferstraße. Die meisten Besucher halten sich nicht lange im Ort auf, sondern setzen ihre Reise gleich zu einem der weiter östlich und westlich gelegenen Strände fort. Taucher, deren Ziel die Korallenriffe sind, fahren zumeist Richtung Osten nach

Big und Small La Laguna oder Sabang am äußersten Ende der Halbinsel Puerto Galera, aber es gibt auch im Westen Tauchmöglichkeiten, z. B. White Beach.

Tauchgänge am Korallenriff

Die meisten Korallenriffe liegen vor der Nordküste der Halbinsel und sind von den Hauptstränden aus gut zu erreichen. Die Unterwasserlandschaften variieren von leicht geneigten, flachen Korallengärten mit sandigem Grund bis zu steilen Klippen und vertikalen Wänden, die in tiefes Gewässer abfallen. Auch die in zahllose Inseln, Meeresarme und Landzungen aufgegliederte Küstenlinie hat Einfluss auf die Riffe: Einige liegen gut geschützt in ruhigem Wasser, während andere dem offenen Meer und starken Gezeitenströmungen ausgesetzt sind.

Die Folge dieser unterschiedlichen Lagen ist eine große Artenvielfalt. In den flachen Gewässern gibt es weite Flächen mit Hartkorallen wie der Acropora-Tisch- und Geweihkorallen, die von Schulen kleiner Riff-Fische wie Soldatenfischen und Schmetterlingsfischen bewohnt sind. In tieferen Regionen, die stärker den heftigen Strömungen ausgesetzt sind, wachsen große Seefächer,

Tubastraea-Becherkorallen und Fass-Schwämme. Hier sieht man größere Riff-Fische wie Drückerfische, Papageienfische, Lippfische und Süßlippen, aber auch Barrakudas, Makrelen und gelegentlich Haie, zumeist Weißspitzen-Riffhaie. Riffmuränen leben in den vielen Spalten der steinigen Hänge und Wände, wogegen Rochen die sandigen Gebiete bevorzugen. Weich- und Lederkorallen kommen überall in großer Zahl und vielerlei Formen vor: fein verzweigt und häufig sehr farbenprächtig, bäumchenförmig oder gelappt.

Ein breites Spektrum von Tauchplätzen deckt alle diese Habitate ab. Die flachen Gewässer in Küstennähe eignen sich gut für Schnorchler und Tauchanfänger, wogegen die Riffe in den offenen Gewässern der Verde Island Passage eher etwas für erfahrene Taucher sind. Die Namen vieler Tauchplätze spiegeln die Konditionen vor Ort wider oder sagen etwas über die zu erwartenden Höhepunkte des Tauchgangs aus: Es gibt sanfte Namen wie Coral Garden oder Sweetlips Cave, aber auch drastischere Bezeichnungen wie The Canyons, Shark Cave oder The Washing Machine, ein Tauchplatz, dem die Gewalt seiner Strömungen den Namen verliehen hat!

Oben: *Ein Trio von Halfterfischen schwimmt an Korallenstöcken vorbei.*

Unten: Acropora-*Steinkorallen gehören zu den weit verbreiteten Bewohnern der flacheren Gewässer.*

MOUNT MALASIMBO

Ein Biosphärenreservat

Der Mount Malasimbo ist der höchste einer Gruppe von drei Bergen an der Nordspitze von Mindoro. Die drei noch weitgehend bewaldeten Berge bilden ein eindrucksvolles Panorama für die schöne Strandregion von Puerto Galera, die nur 130 km südlich von Manila liegt. Das Gebiet ist mit Bus und Fähre gut zu erreichen und bietet viele Übernachtungsmöglichkeiten.

Ein Schutzgebiet unter der Schirmherrschaft der UNESCO

Die herrliche Küstenlinie, dichte Regenwälder und fischreiche Korallenriffe bilden zusammen einen Lebensraum für viele Arten, welcher der Organisation für Erziehung, Wissenschaft und Kultur der Vereinten Nationen (UNESCO) unbedingt schützenswert schien. 1973 wurde deshalb die gesamte Puerto-Galera-Region einschließlich des Mount Malasimbo und der Korallenriffe vor der Küste zum Biospährenreservat (»Man and the Biosphere Reserve«) erklärt. Dieser Status ist eine Auszeichnung, mit der die UNESCO natürliche Lebens-

Gegenüber oben: *Die Kuppe des Mount Talipanan, der mit dem Mount Malasimbo verbunden ist.*

Gegenüber unten: *White Beach, östlich von Puerto Galera, bietet die besten Übernachtungsmöglichkeiten in der Gegend des Mount Malasimbo.*

Oben rechts: *Schmetterlinge sieht man oft auf blühenden Sträuchern oder auf salzhaltigen Böden an Flussufern.*

räume mit internationaler Bedeutung für den Natur- und Artenschutz würdigt.

Die drei Berge Mount Malasimbo (1228 m), Mount Talipanan (1185 m) und der kleinere Mount Alinbayan machen den größten Teil der Landmasse des Reservats aus. Sie bilden eine Kette von fast 12 km Länge, die parallel zur Küste verläuft. Obwohl der Schutzstatus von 1973 wenig beachtet wurde und die wachsende Bevölkerung im Lauf der Jahre die unteren Berghänge zur Gewinnung von Ackerland gerodet hat, gibt es immer noch viele Gebiete mit gutem Waldbestand. So sind die oberen Hänge des Mount Malasimbo mit dichtem Mooswald bedeckt, und in den niedrigeren Regionen der drei Berge findet man Gebiete mit Bergwald und Reste von Tiefland-Regenwald. Hier wachsen die mächtigen Dipterokarpazeenbäume, wobei in dieser Region der Lauan vorherrscht.

Selbst in den Gebieten, in denen der Wald nicht mehr intakt ist, sind noch zahlreiche Vogelarten heimisch, und obwohl bislang kein klares Schutzprogramm organisiert wurde, kommen Ornithologen der University of the Philippines regelmäßig hierher, um die Vogelpopulationen zu erforschen.

Die Bewohner der Berge

An den unteren Berghängen gibt es einige Dörfer der Mangyan, der Urbevölkerung von Mindoro. Insgesamt

Verde Island Passage

Long Beach
San Antonio
Big La Laguna Beach
Small La Laguna Beach
Sabang
Sinandigan
Boquete
Muelle Bay
Minola Bay
Minola
Balatero
San Isidro
PUERTO GALERA PENINSULA
White Beach
Puerto Galera
Aninuan
Aninuan Falls
Hundura Beach
Ponderosa Golf and Country Club
Varadero Bay
Talipanan Falls
Manila
Mindoro
Tamaraw Falls
Dulangan Beach
Dulangan
Malaysia
Villaflor
Mt Talipanan
N
Mt Malasimbo
Mount Malasimbo

Lage: An der Nordspitze von Mindoro, 130 km südlich von Manila, in der Provinz Oriental Mindoro.

Klima: Keine deutlich erkennbare Trockenzeit; Regen ist jederzeit möglich. Die Temperaturen liegen bei 35–36 °C im April und Mai und bei 30 °C im Januar und Februar.

Beste Reisezeit: Ganzjährig; im April und Mai regnet es gewöhnlich etwas weniger.

Anreise: Von Manila in dreistündiger Busfahrt nach Batangas und weiter mit der Fähre nach Puerto Galera. Die Überfahrt dauert je nach Schiffstyp 1–2 Stunden. Von Südmindoro kommend zunächst nach Calapan und von dort weiter mit dem Jeepney nach Puerto Galera. Aus der Provinz Occidental Mindoro nimmt man eine Fähre von Sablayan oder Abra de Ilog nach Batangas und wieder zurück nach Puerto Galera.

Genehmigungen: Nicht erforderlich; für Bergwanderungen sollte man jedoch einen Führer engagieren.

Ausrüstung: Feste Wanderschuhe, Hut, Sonnencreme mit hohem Lichtschutzfaktor, Proviant, Trinkwasser, Kamera, Fernglas.

Einrichtungen: Fußwege im Wald und ein befahrbarer Weg zum Ponderosa Golf and Country Club. Viele Übernachtungsmöglichkeiten am Strand, der nächstgelegene von hier ist White Beach.

Flora und Fauna: Viele Vögel, Dipterokarpazeen- und Bergwald. In den unteren Etagen des Waldes wachsen Palmen, Schraubenpalmen, Rotangpalmen und verschiedene Blumenarten.

Aktivitäten: Wandern, Vogelbeobachtung, Fotografie.

an der Küste. Außerdem gibt es kleinere Minen und Steinbrüche, letztere überwiegend für Marmor, die sich in den Wald hineingefressen haben.

Zu Fuß durch den Wald

In den Mooswäldern der Höhenlagen des Mount Malasimbo gibt es fast keine Wege; nur die unglaublich geschickten Mangyan-Jäger können sie durchdringen. Dagegen sind die niedriger gelegenen Wälder von einem Netz von Wegen durchzogen. Ein Platz, von dem man einen schönen Blick über den Wald hat, ist der Ponderosa Golf and Country Club im mittleren Bereich des Mount Malasimbo – eine ehemalige Rinderfarm, die nun in einen Golfplatz umgewandelt wurde, welcher zu den steilsten der Welt gehören dürfte.

Wer eine Wanderung in den Wald plant, sollte sich auf jeden Fall ortskundigen Führern anvertrauen, vorzugsweise einem Englisch sprechenden Filipino und einem Mangyan, der sich im Wald gut auskennt. Die aufgelockerte Bewaldung erlaubt hervorragende Blicke auf Puerto Galera und das Meer, und im Innern des Waldes, den man auf den viel benutzten Wegen durchstreifen kann, wuchert die übliche, dichte Vegetation. Weiterhin kann man mehrere Wasserfälle besuchen; recht abgelegen mitten im Wald, direkt am Fuß des hoch aufragenden Mount Talipanan, stürzt der Talipanan-Fall über einen steinigen Hang in die Tiefe. Ebenfalls sehenswert sind der Aninuan-Fall in der Nähe des gleichnamigen Küstendorfes, zu dem man auch ohne Führer gelangen kann, sowie der größte Wasserfall der Region, der Tamaraw-Fall unweit der Hauptstraße nach Calapan.

Oben: *Der Talipanan-Wasserfall liegt in einem Gebiet mit Tiefland-Regenwald an den Hängen des Mount Talipanan.*

Rechts: *Grünrücken-Nektarvögel sieht man häufig in blühenden Bäumen in Gärten und Wäldern.*

beträgt ihre Zahl auf der ganzen Insel etwa 30 000. Ihr Volk ist in sieben Hauptgruppen unterteilt, wobei die Gruppe in dieser Region Iraya heißt. Sie sind sehr arm und leben vom Brandrodungswanderfeldbau. Obwohl dies der Natur von Mindoro großen Schaden zufügt, halten viele der Mangyan-Ältesten an dieser Landwirtschaftsmethode fest, da sie ein Bestandteil ihrer überlieferten Kultur ist.

Die Zerstörung des Waldes von Malasimbo ist zum Teil auf den Brandrodungsfeldbau der Mangyan zurückzuführen, aber auch auf die Umwandlung einiger Flächen in Kokosplantagen und die Ausbreitung von privatem Grundbesitz in Zusammenhang mit der Tourismusentwicklung

SABLAYAN WATERSHED FOREST RESERVE

Ein See inmitten von Regenwald

Dieses Gebiet umfasst einen der letzten und am besten zugänglichen Tiefland-Regenwälder von Mindoro. Es liegt etwa 25 km südöstlich von Sablayan, einer Kleinstadt an der Westküste der Insel. Ungewöhnlich ist, dass der Wald zur Sträflingskolonie von Sablayan gehört, und diesem Umstand hat er wohl sein Überleben zu verdanken. Trotz der kriminellen Vergangenheit der Bewohner sind Besucher hier stets willkommen.

Ein grünes Refugium

Die Sträflingskolonie, die in einer Hügellandschaft unmittelbar östlich der Hauptstraße liegt, ist ein großflächiges Gefängnis, das weitgehend ohne Gitterstäbe auskommt. Das Zentrum ist ein kleiner, ummauerter Gebäudekomplex inmitten einer Mischung aus landwirtschaftlichen Nutzflächen und Wald. Die Bestellung der Felder und ein Großteil der Arbeiten an der Infrastruktur werden von den Inhaftierten ausgeführt. In der Landschaft verstreut liegen gepflegte Dörfer, in denen Gefängnisangestellte, Familien von Inhaftierten und Ex-Gefangene leben.

Hinter dem letzten Dorf endet der befahrbare Weg; hier beginnt der Wald, und hier liegt auch die Hauptattraktion des Gebiets, der Lake Libao. Am Seeufer beginnen alle Ausflüge in den Wald. Der See ist vermutlich vul-

Oben rechts: Die Bukas-bukas-Blume sieht man oft am Waldrand oder auf Lichtungen. In der einheimischen Heilkunde wird sie als Mittel gegen Hautkrankheiten verwendet.

kanischen Ursprungs, und da er recht flach ist, sieht man auf seiner Oberfläche viele Seerosen und kleine Inseln. Aus diesem Grund ist er ein idealer Lebensraum für Stelzvögel und beheimatet viele Vogelarten wie Eisvögel, Reiher, Rohrdommeln, Pupurreiher und Stockenten. Mehrere ähnliche Seen liegen versteckt in den Hügeln der Umgebung – Lake Libao ist lediglich der am besten zugängliche.

Bewaldete Hügel umschließen den See an drei Seiten. Obwohl der Wald streckenweise schwere Eingriffe erdulden musste, ist er immer noch dicht und größtenteils undurchdringlich. Einige Vogelarten wie die Glanzkäfertaube, die Platentaube und eine Spornkuckuckart sind hier relativ einfach zu beobachten; die beiden letzten Arten sind stark bedroht und auf Mindoro endemisch. Weiterhin finden sich hier Kolonien von Flughunden, und es soll zumindest in einem Teil des Waldes, der vom See aus sichtbar ist, noch eine einigermaßen gesunde Population von Tamaraus, den stark bedrohten, auf Mindoro endemischen Zwergbüffeln, geben.

Naturschutz im Wald von Sablayan

Der Sablayan Watershed Forest ist vielleicht das wichtigste von mehreren Regenwald-Segmenten, die verstreut an der Westküste von Mindoro liegen. Diese kleinen Überreste der einst weitläufigen Regenwälder der Insel sind von enormer Bedeutung für das Überleben der Tierwelt, insbesondere für den Tamarau. Leider liegen die meisten

Nach Mamburao

Buenavista

Sablayan

Manila
Mindoro

Malaysia

LUZONSEE

**Sablayan
Watershed Forest
Reserve**

Dongo Point

Lake Libao

● *Sablayan
Sträflingskolonie*

Pianag

Nach San José

Lage: In der Provinz Occidental Mindoro, 25 km südöstlich von Sablayan, ein paar Kilometer östlich der Hauptstraße von Sablayan nach San José.

Klima: Trockenzeit von November oder Dezember bis Mai, Regenzeit von Juni bis Oktober oder November. Temperaturen im April und Mai oft bei 35–36 °C mit hoher Luftfeuchtigkeit und bei 30 °C im Januar; während der Regenzeit gelegentlich weniger als 30 °C.

Beste Reisezeit: Januar und Februar sind relativ kühl und trocken und daher günstig für Wanderungen. Von März bis Mai ist es noch trocken, aber zunehmend heißer.

Anreise: Mit dem Flugzeug von Manila nach San José und weiter mit dem Bus nach Sablayan oder mit dem Bus von Manila nach Batangas und dann mit der Nachtfähre nach Sablayan. Von hier mietet man entweder ein Fahrzeug direkt bis zum See oder man nimmt den Bus nach San José bis zur Abzweigung zur Sträflingskolonie und geht von dort zu Fuß.

Genehmigungen: Nicht erforderlich, aber man trägt sich bei der Wache am Haupteingang der Sträflingskolonie ein. Möglicherweise wird man aufgefordert, auf dem Weg zum See beim Leiter der Sträflingskolonie vorzusprechen.

Ausrüstung: Wanderschuhe, Kamera, Hut, Fernglas, Proviant und Trinkwasser.

Einrichtungen: Unmarkierter Fußweg um den See; am Ufer ist ein Hotel in Planung, aber noch nicht gebaut.

Flora und Fauna: Stelzvögel, v. a. Purpur- und andere Reiher; weiterhin Stockenten, Eisvögel und Platentauben. Die Chancen, einen Tamarau zu Gesicht zu bekommen, sind gering.

Aktivitäten: Wandern, Vogelbeobachtung, Fotografie.

Oben: *Inmitten von Tief-land-Regenwald liegt der mit Seerosen bewachsene Lake Libao.*

Rechts: *Der Fieberklee ist eine weit verbreitete Pflanze, die in den flachen Uferzonen des Sees gedeiht.*

Regenwälder nicht innerhalb von Naturschutzgebieten, und der Sablayan-Wald ist aufgrund seiner Lage in der Sträflingskolonie vermutlich besser geschützt als die meisten anderen Gebiete.

Zu Beginn der 1990er-Jahre sollten diese Restwälder als neues, von der Weltbank finanziertes Schutzgebiet mit höchster Priorität in das Integrated Protected Areas System (IPAS) aufgenommen werden. Leider scheiterte dieser Plan am Widerstand der Mangyan, die eine Einmischung der Behörden in ihre Lebensweise fürchteten. Vor kurzem jedoch wurden die Wälder in das von der Europäischen Union finanzierte National Integrated Protected Areas Programme (NIPAP) einbezogen. Nun wird für sie ein Katalog von Schutzmaßnahmen entwickelt, der mit dem Mounts Iglit-Baco National Park im Hochland von Südmindoro, dem größten Naturschutzgebiet der Insel (75 000 ha), abgestimmt werden soll.

Wanderungen am See und im Wald

Man würde es nicht vermuten, aber in dieser Sträflingskolonie sind Besucher durchaus willkommen. Um von der Hauptstraße zum Lake Libao und in den Wald zu gelangen, durchquert man die Kolonie zu Fuß oder im Fahr-

zeug, nachdem man sich am Haupteingang angemeldet hat. Der Weg führt direkt zum Seeufer, wo ein herrlicher Blick komplett mit überdachter Aussichtsplattform den Besucher erwartet. Von den Gefangenen, die von den Wärtern nur an der Farbe ihrer T-Shirts und an dem Umstand, dass sie keine Waffen tragen, zu unterscheiden sind, kann man Getränke und Snacks kaufen.

Von hier führt ein Fußweg rund um den See. Die Büsche am Ufer sind gute Verstecke, um die Vogelwelt aus der Nähe zu beobachten. Besonders Pupurreiher sieht man oft auf den Inselchen im See. Auf der gegenüberliegenden Seite kann man ein Stück weit in den Wald vordringen. Er ist sehr dicht, und die wenigen Pfade liegen weit auseinander, sodass man sich leicht verirren kann.

APO REEF MARINE NATURAL PARK

Ein Atollriff in tiefer See

Dieser ausgedehnte Riffkomplex etwa 30 km vor der Westküste von Mindoro ist eines der größten Korallenriffe der Philippinen und eines der wenigen mit Atollstruktur. Apo Reef wurde bereits 1978 zum Meeresschutzgebiet erklärt und ist von großer Bedeutung sowohl für die einheimische Fischerei und den Naturschutz, als auch für den wachsenden Tauchtourismus. Zur Mitte der 1990er-Jahre wurde dann das Riff zu einem von landesweit zehn Schutzgebieten mit höchster Priorität erklärt, die im Rahmen des Integrated Protected Areas System (IPAS) von der Weltbank finanzielle Unterstützung erhalten.

Gegenüber ganz links oben: Kugelfische sieht man häufig, oft halb versteckt in Riffspalten.

Gegenüber ganz links Mitte: Detailaufnahme einer Dendronephthya-Weichkoralle, einer häufig vorkommenden und äußerst farbenfrohen Bewohnerin vieler Riffbereiche.

Gegenüber ganz links unten: Eine Meeresnacktschnecke, die zu einer besonders artenreichen und farbenprächtigen Tiergruppe gehört.

Gegenüber links: Ein Tauchboot in den flachen Gewässern von Apo Reef, die in den schönsten Türkis- und Blautönen leuchten.

Oben rechts: Eine männliche Grüne Meeresschildkröte – kein ungewöhnlicher Anblick für Taucher am Apo Reef.

Eine abgelegene Unterwasserwelt

Das Gebiet hat eine Ausdehnung von 26 km in Nord-Süd- und 20 km in Ost-West-Richtung. Nur 29 seiner insgesamt 15 800 ha liegen über der Wasseroberfläche; somit ist Apo Reef ein verborgener Schatz. Lediglich an den dunkleren blauen Schatten neben Zonen mit flachem Wasser ist zu erkennen, dass hier Korallenriffe aus der Tiefe emporwachsen. Neben den dunstigen Höhenzügen der Berge von Mindoro im Osten sind dies die einzigen Orientierungspunkte, die auf die Lage des Riffs hindeuten. Es liegt fast in der Mitte der Mindorostraße, eines zumeist sehr tiefen Meeresgrabens, der Mindoro von den südwestlich gelegenen Calamian-Inseln, dem nördlichsten Teil von Palawan, trennt.

Das Riff besteht aus zwei Atollen, einem nördlichen und einem südlichen, die beide in etwa die Form eines Dreiecks haben und durch einen 30 m tiefen Kanal getrennt sind. Korallen markieren die Ränder der Atolle und fallen rundum steil in die Tiefe ab. Innerhalb dieses Rings von Saumriffen besitzt jedes Atoll eine Lagune (etwa 2 m tief) mit herrlich weißem Sandboden.

Nur an drei Stellen sind die Korallen aus dem Wasser hervorgewachsen und haben die Inseln Cayos del Bajo, Binangaan und Apo geschaffen. Die erste ist ein 250 bis 300 m² großes, flaches Inselchen im Nordatoll, während Bingaan Island an der Nordwestspitze des südlichen Atolls liegt und aus zerstoßenem Korallenkalk besteht.

Map labels:
Manila, Mindoro, Malaysia
Korallen
Cayos del Bajo flache Lagune
Botang Point
Korallen
Apo Reef Marine Natural Park
Ranger Station
Binangaan Island
Korallen
Apo Island
Korallen
Korallen
N

Lage: 12° 37' Nord und 120° 25' Ost, im Zentrum der Mindorostraße. Der nächste Ort ist Sablayan an der Westküste von Mindoro.

Klima: Trocken von November oder Dezember bis Mai, regnerisch von Juni bis Oktober oder November. Temperaturen im April und Mai oft bei 35–36 °C mit hoher Luftfeuchtigkeit und bei 30 °C im Januar; während der Regenzeit gelegentlich weniger als 30 °C. In der Regenzeit kann die See rau sein.

Beste Reisezeit: Nur von März bis Mai ist die See ruhig und damit der Zugang garantiert, und es scheint oft die Sonne.

Anreise: Während der Hochsaison bieten Tauchveranstalter fast täglich Touren von Sablayan zum Apo Reef an. Nach Sablayan gelangt man von Manila entweder mit dem Flugzeug nach San José in Südmindoro und weiter mit dem Bus oder auf direktem Weg mit der Nachtfähre von Batangas.

Genehmigungen: Um auf Apo Island an Land zu gehen, benötigt man eine Genehmigung vom Parkbüro in Sablayan. Zum Tauchen ist keine Genehmigung erforderlich, aber möglicherweise muss eine Zugangsgebühr entrichtet werden.

Ausrüstung: Tauchausrüstung kann gemietet werden. Badekleidung, Sonnencreme mit hohem Lichtschutzfaktor, Kopfbedeckung, Insektenschutzmittel und Trinkwasser mitnehmen.

Einrichtungen: Die nächste Übernachtungsmöglichkeit ist auf Pandan Island, Sablayan. Das Hotel bietet Tauchexkursionen zum Apo Reef und Tauchkurse in Pandan an.

Flora und Fauna: Grüne Meeresschildkröten und Echte Karettschildkröten, Haie, Barrakudas, Makrelen, verschiedene Korallenfische und wirbellose Tiere.

Aktivitäten: Schwimmen, Tauchen, Schnorcheln.

Oben: *Abendstimmung am Sandstrand von Apo Island mit Mangroven im Hintergrund.*

Rechts: *Die Küste am südwestlichen Ende von Apo Island ist mit Korallenkalk bedeckt; dahinter gedeihen Mangroven.*

Apo Island ist die größte der drei Inseln und liegt etwa einen Kilometer westlich des Südatolls, von dem sie durch einen tiefen Graben getrennt ist. Die Insel ist 22 ha groß, wovon jedoch 11 ha sehr trocken sind. An der westlichen, zum offenen Meer gewandten Seite wachsen Mangroven, die eine kleine Lagune umschließen.

Die Unterwasserwelt

Dieses großflächige Riff besteht aus vielen verschiedenen Habitate, von sandigen Flachwassergebieten mit vereinzelten Korallenköpfen, über flache Riffe und Riffkronen an den Rändern der Lagunen bis hin zu beinahe vertikalen Abstürzen in die Tiefen des Ozeans.

Die meisten der 450 auf den Philippinen heimischen Korallenarten sind hier zu finden: von winzigen Blasenkorallen, die in fast jeder geschützten Ecke gedeihen, bis hin zu riesigen Seefächern, die stolz an den Kanten der Steilwände stehen, wo sie sich von der starken Strömung Nahrung in ihre verzweigten Fächer spülen lassen. Andere häufig vorkommende wirbellose Tiere sind die winzigen Seescheiden und die farbenfrohen Haarsterne.

Kleine Riff-Fische wie Halfterfische sind hier ebenso heimisch wie größere Tiefseefische, darunter Barrakuda und Makrelen. Gelegentlich sieht man Haie, manchmal sogar einen Hammerhai. Und schließlich kommen hier zwei Arten von Meeresschildkröten vor: die Grüne Meeresschildkröte und die Echte Karettschildkröte.

Auf Apo Island sieht man gelegentlich die Spuren nistender Schildkröten an den Stränden der Ost- und Südküste, während die Mangroven verschiedene Vogelarten beheimaten, so etwa die Zweifarbenfruchttaube und den

Schwarznackenpirol. Auch die gefährdete Kragentaube soll hier vorkommen, wurde aber bereits seit einigen Jahren nicht mehr gesichtet.

Schutzmaßnahmen

Apo Reef wurde 1978 aufgrund seiner Schönheit, seines touristischen Potentials und seiner Bedeutung für Artenvielfalt und Fischerei zum Marine Park erklärt. Zwar

wurde das Riff auch weiterhin durch Überfischung und den Gebrauch von Dynamit und Zyanid beschädigt, aber dennoch ist es nach wie vor ein wichtiger Fischgrund und ein bedeutender Nistplatz für Meeresschildkröten.

Für Tauchsportfans jedoch hat Apo Reef noch immer viel zu bieten, denn viele Bereiche sind in ausgezeichnetem Zustand, mit artenreichem Korallenbestand und zahllosen Fischen.

Mitte der 1990er-Jahre wurde das Apo Reef in das IPAS-Programm integriert und in Apo Reef Marine Natural Park umbenannt. In der Vergangenheit war es für die Park-Ranger schwierig, das große und abgelegene Gebiet zu kontrollieren, aber mit neuen Finanzmitteln konnte eine permanente Ranger-Station auf Apo Island gebaut werden. Dadurch konnte der Schutz des Riffs besonders in unmittelbarer Umgebung der Insel verbessert werden.

Links: *Ein Taucher sucht nach der besten Position, um diesen gut platzierten Federstern zu fotografieren.*

Unten: *Die Polypen dieser* Heliofungia-*Pilzkorallen sind leicht mit denen der Seeanemone zu verwechseln.*

Ganz unten: *Ein Korallenhang mit einer artenreichen Mischung aus Hart- und Weichkorallen, die einer Vielzahl von Fischen Zuflucht bieten.*

Tauchgänge am Riff

Der Zugang zu Apo Island ist zwar nur beschränkt möglich, aber man darf überall am Riff tauchen. Nur während der Saison mit ruhiger See von März bis Mai kann man zuverlässig nach Apo Reef übersetzen. Selbst von Sablayan aus, dem nächstgelegenen Ort auf Mindoro, beträgt die Überfahrt mehrere Stunden.

Die meisten Tauchboote steuern ein Gebiet am nördlichen Außenrand des Riffs an oder die Westspitze des südlichen Atolls unweit von Apo Island. Diese Tauchplätze bieten beste Möglichkeiten, die Unterwasserwelt mit all ihren Lebensformen zu entdecken. Meeresschildkröten sind kein ungewöhnlicher Anblick, und gelegentlich kann man auch einem Hai begegnen.

Rechts: Dieser schöne Falterfisch gehört zu einer artenreichen Familie, die in allen philippinischen Korallenriffen heimisch ist.

Unten: Spinifexgras, das gewöhnlich als australische Pflanze bezeichnet wird, markiert die Grenze zwischen Busch und Strand.

WESTLICHE & ZENTRALE VISAYAS

Dieser Archipel, bestehend aus Panay, Guimaras, Negros, Cebu, Masbate und den Romblon-Inseln – Romblon selbst, Tablas und Sibuyan –, stellt den größeren Teil der Visayas-Region dar, einer Inselwelt, die den zentralen Westen der Philippinen ausmacht.

Während der letzten Eiszeit, vor etwa 18 000 Jahren, lag der Meeresspiegel 120 m unter dem heutigen Niveau, und die meisten Inseln waren durch Landbrücken verbunden. Deshalb bilden sie eine gemeinsame biogeografische Zone, die Groß-Negros-Panay-Fauna-Region. Lediglich die Romblon-Inseln hatten keine Verbindung zum Festland.

Von den Romblon-Inseln ist nur Sibuyan von größerer Bedeutung für die Artenvielfalt. Die Naturräume dieser schönen, vom Mount Guiting Guiting überragten Insel – von den Korallenriffen vor der Küste bis zum Mooswald und Grasland am Gipfel des Berges – sind intakt. Sibuyan stellt eine eigene biogeografische Zone dar; Flora und Fauna weisen zwar Verwandtschaften mit derjenigen von Luzon, Mindoro und den Visayas auf, doch es gibt auch mehrere nur hier vorkommende Säugetierarten.

Innerhalb der Groß-Negros-Panay-Region haben Bevölkerungswachstum und Plantagenwirtschaft die Wälder schwinden lassen. Einige der wichtigsten verbliebenen Waldgebiete sind auf Negros zu finden. Hierzu gehören Mount Kanlaon und auch das Northern Negros Forest Reserve, wo bedrohte endemische Tierarten der Visayas wie der Prinz-Alfreds-Hirsch Zuflucht gefunden haben. Auf Cebu sind nur wenige naturbelassene Wälder erhalten, aber ein sumpfiges Mangrovengebiet auf der Insel Olango vor der Ostküste ist der landesweit bedeutendste Aufenthaltsort für Feuchtgebiets-Zugvögel.

SIBUYAN ISLAND & MOUNT GUITING GUITING NATURAL PARK

Eine Inselwildnis

Die etwas isoliert im Norden der Visayas gelegene Insel Sibuyan gehört zu den am besten erhaltenen Naturräumen des Landes. Im Meer liegen Korallenriffe, an den Küsten gedeihen Strand- und Mangrovenwälder, und landeinwärts folgen mit zunehmender Höhe Tiefland-, Berg- und Mooswälder. Erst kürzlich wurde die Bedeutung des gebirgigen Zentrums der Insel für die Artenvielfalt der Philippinen erkannt, und das Gebiet wurde 1996 unter Naturschutz gestellt. Heute ist der Park Teil des von der Europäischen Union finanzierten National Integrated Protected Areas Programme (NIPAP).

Gegenüber: *Der klare Cantingas-Fluss bahnt sich seinen Weg durch die Täler im Süden des Mount Guiting Guiting.*

Oben rechts: *Der Blaunackenpapagei, der im Tieflandwald und an Waldrändern zu sehen ist, nistet in den Hohlräumen großer Bäume und ernährt sich von Früchten.*

Seite 76: *Der Mount Guiting Guiting mit Mangroven im Vordergrund, die ein Flussufer in der Nähe der Ortschaft Magdiwang an der Nordküste der Insel Sibuyan säumen.*

Seite 77: *Die kleinen durchscheinenden und fein verzweigten bäumchenförmigen Weichkorallen gehören zu den weit verbreiteten Riffbewohnern der Philippinen.*

Eine smaragdgrüne Insel

Die 450 km² große Insel wird überragt vom Mount Guiting Guiting, der sich aus der Küstenebene 2050 m hoch erhebt. Von seinen unteren Hängen bis zum Mayo's Peak, einem zweiten Gipfel in 1550 m Höhe, ist der Berg vollständig mit Primärwald bewachsen. Von hier bis zum Gipfel des schroffen Berges findet man nur noch Gras und blanken Fels. Vom Mayo's Peak bis hinab auf eine Höhe von etwa 1350 m sind die steilen Hänge mit Mooswald bewachsen, dessen kleinwüchsige Bäume mit Farnen, Orchideen und Moos überwuchert sind. Weiter bergab – bis auf eine Höhe von etwa 650 m – folgt Bergwald mit wesentlich höheren, aufrechten Bäumen, an denen sich Schlingpflanzen und Kletterbambus emporwinden; im Unterholz gedeihen Schraubenpalmen, Rotangpalmen und Baumfarne. Der darunter gelegene Tiefland-Regenwald ist die Heimat der gigantischen Dipterokarpazeenbäume.

Ursprünglich bedeckte der Tieflandwald den gesamten schmalen Küstenstreifen, der den Mount Guiting Guiting umgibt. Zwischen den 1940er-Jahren und 1992 wurde der Wald jedoch fast vollständig gerodet, sodass heute nur noch kleine Flecken an den unteren Berghängen übrig sind. An einigen Stellen der Küstenebene beginnt der Tieflandwald sich langsam zu erholen, hier wächst nun Sekundärwald bis hinab zur Küste, wo er mit den Mangroven verschmilzt. Die Mangroven gehen in

Map labels: Sibuyan see / Point Casing / Magdiwang / Lambingan Falls / Cataja Falls / Mount Guiting Guiting Natural Park / 1550 m Mayo's Peak (5086ft) / ▲ Mt Guiting Guiting 2050m (6726ft) / Agtiwa / Marigondon / España / Sibuyan Island / Cajidiocan / Manila / Romblon Passage / Cantingas River / Lagting Falls / San Fernando / Malaysia / Cauit Point / N

Lage: In der Sibuyan-See, etwa 75 km nordöstlich von Panay und 60 km westlich von Masbate.

Klima: Regen fällt ganzjährig, am meisten von Juli bis Dezember. April und Mai sind am trockensten und heißesten. Tagestemperaturen im Tiefland zwischen 28 °C im Januar und 34 °C im Mai; im Bergland mit zunehmender Höhe wesentlich kühler: Gipfeltemperaturen liegen bei 10 °C und bei Regen noch darunter.

Beste Reisezeit: Für Aufstiege zum Guiting Guiting April und Mai, im Tiefland ist das Wetter von Januar bis Mai annehmbar.

Anreise: Von Manila mit dem Bus nach Batangas und weiter mit der Fähre, die täglich außer Mittwoch um 19 Uhr ablegt. Die Überfahrt dauert 16 Stunden; zwei weitere Inseln werden angelaufen, bevor die Fähre gegen Mittag in Magdiwang ankommt.

Genehmigungen: Nicht erforderlich.

Ausrüstung: Campingausrüstung/Verpflegung zur Besteigung des Mount Guiting Guiting. Wanderschuhe, Sonnencreme mit hohem Lichtschutzfaktor, Anti- Blutegel-Socken, Insektenschutzmittel, Kamera, Fernglas.

Einrichtungen: Führer stehen bei den Hauptquartieren des Parks bereit; Motorradrikschas für Touren in die Tieflandregionen; zur Übernachtung gibt es nur ein paar Homestays in Magdiwang.

Flora und Fauna: Küstenvögel in den Mangroven; Raubvögel kreisen über den Wäldern. Verschiedene kleine Vögel sieht man in den sich erholenden Tieflandwäldern. In den dichten Bergwäldern bekommt man nur selten Wildtiere zu Gesicht.

Aktivitäten: Motorisierte Touren in den Tieflandregionen, Vogelbeobachtung, Wandern.

Oben: *Der Brahminenweih ist oft an den Küsten von Sibuyan zu sehen.*

Oben rechts: *An der Südwestküste der Insel gibt es kleine Sumpfwälder, die an sehr feuchte Lebensbedingungen angepasst sind.*

Rechts: *Der seltene Rotrücken-Nachtreiher ist in den Mangroven von Sibuyan noch heimisch.*

Unten: *Eine Kleinlibelle im Sumpfwald an der Südwestküste von Sibuyan.*

Seegras-Algen-Wiesen über, und tiefer im Wasser schließt sich ein Korallenriff an, das den größten Teil der Insel umgibt. An der Südwestküste von Sibuyan findet man anstelle der Mangroven einen spezialisierten Strandwald.

Die 47 000 Bewohner der Insel führen ein einfaches Leben auf der Basis von Ackerbau und Fischfang. Die meisten Menschen leben an der Küste auf die drei Orte Magdiwang, Cajidiocan und San Fernando konzentriert. Der Bevölkerungszuwachs ist gering, was zur Bewahrung des Naturzustandes der Insel beigetragen hat.

Die Tierwelt der Berge

Aufgrund der tiefen Gewässer rund um Sibuyan blieb die Insel selbst während der letzten Eiszeit von anderen Landesteilen isoliert. Deshalb wird Sibuyan gewöhnlich als eigenständige biogeografische Zone betrachtet, was sich an den hier heimischen Säugetierarten manifestiert. Mount Guiting Guiting beherbergt fünf endemische Säugetierarten: vier kleine Nagetiere und einen Flughund. Mehrere andere Tiere, die nur auf den Philippinen vorkommen, gibt es auch auf Sibuyan – darunter vier Flughundarten. Von diesen wiederum wurde der Röhrennasen-Flughund erst kürzlich auf Sibuyan entdeckt. Zu den weiter verbreiteten Tierarten zählen die Tangalunga und der Javaneraffe.

Die Vogelwelt der Insel umfasst 131 Arten, von denen 102 vermutlich hier brüten. Vögel, die man auch sehen kann, ohne auf den Mount Guiting Guiting zu klettern, sind Rotrücken-Nachtreiher, Brahminenweih, Wanderpfeifgans, Blaunackenpapagei und Schwarznackenpirol.

Grüne Meeresschildkröten und Echte Karettschildkröten nisten regelmäßig an den Stränden der Insel, gelegentlich sieht man auch Olivgrüne Bastardschildkröten, Lederschildkröten und Unechte Karettschildkröten. Einige wenige Seekühe leben ebenfalls in den Küstengewässern.

Schutzmaßnahmen für die Insel

Der Schutzstatus des Mount Guiting Guiting ist einer lokalen Kampagne zu verdanken, die aus der Angst der Inselbewohner entstand, die intensive Rodung und Ausbeutung des Waldes könnte die Ressourcen für ihren ohnehin bescheidenen Lebensunterhalt zerstören. Seit die Region 1996 unter Schutz gestellt und in das NIPAP-Programm

integriert wurde, entstanden neue Pläne, die Grenzen des Parks zu erweitern und damit einen noch weit größeren Teil der Naturschätze der Insel einzubeziehen.

Da der Park bislang nur 15 700 ha umfasst und auf die Hänge des Mount Guiting Guiting beschränkt ist, fallen die größten Teile des Tieflandwaldes sowie sämtliche Mangroven- und Strandwälder lediglich in eine Pufferzone, in der sie nicht vollständig geschützt sind. Die Naturschützer hoffen, dass diese Pläne in naher Zukunft umgesetzt werden.

Erkundungen auf Sibuyan

Für Besteigungen des Mount Guiting Guiting beginnt der Weg am Hauptquartier des Parks nahe der Nordküste und unmittelbar östlich von Magdiwang. Der zunächst recht einfache Weg, der durch sekundären Tieflandwald in der Küstenebene führt, geht später in einen extrem steilen Aufstieg über. Für die komplette Bergtour muss man drei bis vier Tage einplanen. Nur rund 24 Stunden dauert dagegen eine Besteigung des Mayo's Peak; man kann dort sein Zelt aufschlagen und einige herrliche Ausblicke genießen.

Im Tiefland kann man mehrere Wasserfälle besuchen und den Wald erkunden. Wenige Kilometer östlich von Magdiwang liegt der leicht zugängliche Lambingan-Fall, wogegen eine mehrstündige Wanderung in südwestliche Richtung zum größten Wasserfall von Sibuyan führt: dem Cataja-Fall, eine gewaltige Kaskade, die in mehreren Stufen in den Wald hinabströmt. Im Südosten der Insel, in der Nähe von San Fernando, liegt der schöne Lagting-Fall, und etwas westlich von hier tritt das Bett des glasklaren Cantingas-Flusses aus den Bergen hervor.

Weitere Ausflüge führen in die Mangrovenwälder der Nordküste, in die Strandwälder der Südwestküste oder auch in die Sumpfgebiete, in denen sich ein eigener spezialisierter Wald entwickelt hat. Leider wurde auf der Insel noch keine Tauchbasis eingerichtet.

Oben: *Strandwald säumt eine stille Lagune an der Südwestküste der Insel Sibuyan.*

Links: *Ein Schlammspringer, eine in den Mangroven allgegenwärtige Fischart, hüpft bei Ebbe auf einen Felsen.*

Northern Negros Forest Reserve

Ein bewaldetes Vulkangebirge

Dieses 86 600 ha große gebirgige Reservat liegt ganz im Norden der Insel Negros, etwa 20 km östlich von Bacolod, der Hauptstadt der Provinz Negros Occidental. Bereits 1935 wurde das Gebiet unter Schutz gestellt, heute liegt mehr als die Hälfte des noch vorhandenen alten Waldbestandes von Negros in seinen Grenzen – obwohl die Wälder im Park selbst über die Jahre erheblich geschrumpft sind. Das Reservat ist eine lebenswichtige Zufluchtsstätte für die Tierwelt der Insel, die auch einige mittlerweile stark gefährdete endemische Arten der Negros-Panay-Region umfasst.

Eine von Vulkanen geprägte Landschaft

Die gesamte Insel Negros ist – wie große Teile der Philippinen überhaupt – vulkanischen Ursprungs und besteht im Wesentlichen aus einer Kette von sechs Vulkanen, dem Negros Volcanic Belt. Zwei dieser Vulkane liegen auf kleinen, vorgelagerten Inseln im Norden der Hauptinsel, während die anderen vier einen Gebirgszug bilden, der über die gesamte Nord-Süd-Länge von Negros verläuft. Von diesen vier Vulkanen liegen zwei im Northern Negros Forest Reserve, nämlich der 1534 m

Gegenüber: *Der Pulang-Tubig-Fall ist einer von mehreren schönen Wasserfällen im Northern Negros Forest Reserve.*

Oben rechts: *Der stark gefährdete, auf Panay und Negros endemische Tariktikhornvogel ist an einigen wenigen Plätzen auf beiden Inseln noch zu finden.*

Map: PANAY, Guimaras Strait, Manila, Negros, Malaysia, Cadiz, Sagay, Victorias, Silay, Mt Silay 1535m (5036ft), Escalante, Mt Mandalagan 1885m (6185ft), Toboso, Bacolod, Northern Negros Forest Reserve, Calatrava, Bago, Mambucal, San Carlos, San Enrique, La Carlota, Mt Kanlaon 2465m, Kanlaon, Vallehermosa, CEBU, Hinigaran, NEGROS, Pinamungajan, Binalbagan, Tanon Strait, Barili, Himamaylan

hohe Mount Silay und der 1885 m hohe Mount Mandalagan, dessen Gipfelregion aus fünf Kratern besteht. Beide Vulkane sind erloschen, doch an abgelegenen Orten in den Wäldern des Mandalagan gibt es aktive Fumarolen. Zum Silay-Mandalagan-Vulkansystem gehören noch weitere Gipfel, etwa der knapp über 1000 m hohe Mount Mawa und der 1560 m hohe Mount Marapara.

Die Wälder

Trotz seiner großen Fläche umfasst das Reservat nur noch 18 000 ha an alten Wäldern, von denen die meisten in über 800 m Höhe liegen. Der übrige Waldbestand ist kommerziellen Rodungen und landwirtschaftlichen Nutzflächen gewichen. Dennoch finden sich in den unteren Höhenlagen einige der größten Dipterokarpazeenbestände von Negros, sowie viele riesige Almaciga-Bäume.

Weiter oberhalb verläuft ein breites Band von Bergwald, dicht bestanden mit hohen geraden Bäumen, die allerdings nicht mehr die Größe der Tiefland-Dipterokarpazeen erreichen. Mit zunehmender Höhe sind die Bäume immer stärker mit Moos und Flechten bewachsen, und ab 1000 m geht der Wald in Mooswald über, dessen kleinwüchsige verkrüppelte Bäume nun mit dicken Lagen von Moosen, Farnen und Orchideen überwuchert sind. Rund um die Gipfel einiger Berge wachsen Khasya-Kiefern. Keiner der Berge hat eine mit Grasland bewachsene Gipfelregion, die dichte Vegetation verhindert weite Rundblicke.

Lage: Etwa 20 km östlich von Bacolod, der Hauptstadt der Provinz Negros Occidental, im äußersten Norden der Insel Negros.

Klima: Klar abgegrenzte Trockenzeit von Dezember bis Mai und starke Regenfälle von Juni bis November. Die Durchschnittstemperaturen liegen im Tiefland bei über 30 °C, in Campestuehan oder Patag bei etwa 20 °C und in Dinagang Dagat bei 10–15 °C.

Beste Reisezeit: Bergtouren sind nur in der Trockenzeit ratsam, da die Wege bei Regenwetter rutschig sind.

Anreise: Tägliche Flüge von Manila und häufig verkehrende Schnellfähre von Iloilo nach Bacolod. Weiter mit dem Mietwagen: entweder nach Osten über Concepcion bis Campestuehan oder über Silay landeinwärts bis Patag.

Genehmigungen: Nicht erforderlich.

Ausrüstung: Feste Wanderstiefel, Campingausrüstung, Verpflegung für Wanderungen nach Dinagang Dagat, Kamera, regendichte Kleidung, Fernglas.

Einrichtungen: Führer stehen in Patag und Campestuehan bereit, sie werden vom Department of Tourism oder vom NFEFI-Büro in Bacolod vermittelt. Viele Unterkünfte in Bacolod. In Patag kann man im alten Krankenhaus des Ortes übernachten, in Campestuehan evtl. in Privathäusern. Viele Wanderwege beginnen in Patag, einige auch in Campestuehan.

Flora und Fauna: Dipterokarpazeen- und Almaciga-Wälder im Tiefland, Kiefernwälder im Gebirge. Waldvögel sind am besten an Feldrändern zu beobachten. Bei Campestuehan sieht man manchmal Tariktikhornvögel.

Aktivitäten: Wandern, Vogelbeobachtung, Ausflüge zu Fumarolen und Wasserfällen.

Schutzmaßnahmen im Reservat

Die Verantwortung für einen großen Teil der Forschungs- und Schutzmaßnahmen liegt in den Händen einer Privatorganisation, der Negros Forest and Ecological Foundation, Inc. (NFEFI), mit Hauptsitz in Bacolod. Die engagierten Mitarbeiter, die von einem internationalen Wissenschaftlerteam unterstützt werden, haben sich zur Aufgabe gemacht, nicht nur den verbliebenen Wald zu schützen, sondern den Bestand durch Wiederherstellung einiger beschädigter Gebiete zu vergrößern.

Nun müssen Flora und Fauna des Reservats inventarisiert, die Schutzmaßnahmen mit Hilfe von Parkwächtern verbessert und gleichzeitig alternative Einkommensquellen für die einheimische Bevölkerung entwickelt werden. Letzteres soll den Bergbewohnern ermöglichen, ihren Lebensunterhalt auf umweltverträgliche und nachhaltige Weise zu erwirtschaften, ohne den Wald Stück für Stück abzuholzen.

Mit Hilfe der Organisation Britain's Fauna and Flora International konnte NFEFI kürzlich sogar ein Zuchtprogramm für einige gefährdete Arten wie den Prinz-Alfreds-Hirsch, das Pustelschwein, den Tariktikhornvogel und den Spatelschwanzpapagei einrichten – akut vom Aussterben bedrohten Tierarten, die vermutlich im Northern Negros Forest Reserve noch heimisch sind. Die Aufzuchtstation befindet sich neben dem NFEFI-Büro in Bacolod und ist für Besucher geöffnet.

Oben: *Die Frühlingstaube gehört zu den Taubenarten, die in den hiesigen Wäldern heimisch sind.*

Rechts: *Eine Spinne in ihrem Netz im Tieflandwald unweit des Dorfes Campestuehan.*

Rechts: *Wenn die jungen Triebe der Baumfarne sich zu entrollen beginnen, haben sie bereits die Größe ausgewachsener Farnwedel.*

Rechts: *Die Erdeule jagt im Morgengrauen und in der Abenddämmerung im offenen Land und ruht tagsüber im dichten Gras.*

Ausflüge in den Wald

Zwei Regionen sind für Besucher zugänglich: die Berghänge von Mount Marapara und Mount Mandalagan unmittelbar östlich von Bacolod und ein Gebiet namens Patag nordöstlich der Stadt an den Hängen der Berge Silay und Mandalagan. Wanderungen in die erste Region beginnen im Dorf Campestuehan, zu dem man via Concepcion gelangt. Hier endet der befahrbare Weg neben einer verlassenen Schule, die nun von NFEFI genutzt wird. Wanderwege führen in gesunden Dipterokarpazeen- und Almaciga-Wald und weiter durch dichten Bergwald bis zum Mount Mandalagan. Im Wald in der Nähe des Dorfes sieht man gelegentlich Tariktikhornvögel. Tief in den Bergen, in einem engen Tal namens Dinagang Dagat, speit eine Fumarole unentwegt Schwefeldämpfe. In der Nähe liegt in 1432 m Höhe ein hübscher See, der in der Trockenzeit gewöhnlich ganz austrocknet und sich in Grasland verwandelt. Diese Gegend ist ein guter Platz für Übernachtungen im Zelt, bevor man am nächsten Morgen nach Campestuehan zurückkehren oder den Mooswald in der Umgebung erkunden kann.

Oben: *Der dicht bewaldete Mount Mawa türmt sich am Rand des Schutzgebietes in der Nähe des Dorfes Campestuehan auf.*

Nach Patag gelangt man über Silay, eine Ortschaft an der Küste nördlich von Bacolod. Die befahrbare Straße endet in der Nähe eines verlassenen Krankenhauses, das gegenwärtig als Basislager und Registrierstelle für Bergsteiger genutzt wird, die zum Mount Silay aufbrechen wollen. Hier können auch Führer angeheuert werden. Die Wanderwege dieser Gegend sind sorgfältig ausgearbeitet, und es gibt eine Karte, auf der die geschätzten Wegstunden verzeichnet sind.

Die Region ist ein Paradies für Liebhaber von Wasserfällen: Allein drei von ihnen kann man in einer einstündigen Wanderung vom ehemaligen Krankenhaus aus besuchen. Längere Wanderungen führen durch dichten Wald und Bestände von Almaciga-Bäumen zu einem hoch gelegenen, mit Kiefernwald bewachsenen Grat.

Ein weiterer Weg führt in das Dinagang-Dagat-Tal und ermöglicht somit Wanderungen zwischen Campestuehan und Patag.

Links: *Das Pustelschwein kommt ausschließlich auf den Visayas-Inseln vor. Obwohl die Art gefährdet ist, suchen die Schweine häufig die Felder in den Randgebieten des Northern Negros Forest Reserve heim.*

Links: *Der Prinz-Alfreds-Hirsch ist eine andere endemische Art der Visayas-Inseln. Das extrem scheue Tier ist nur in den entlegeneren Waldgebieten zu finden.*

MOUNT KANLAON NATURAL PARK

Der höchste Berg der Visayas-Inseln

Der Mount Kanlaon im zentralen Norden der Insel Negros ist einer von sechs Bergen des Negros Volcanic Belt, einer Kette von Vulkanen, die das gebirgige Rückgrat der Insel bildet. Mount Kanlaon ist gegenwärtig der einzige aktive Vulkan dieser Kette – die letzte Eruption erfolgte 1996.

Der 24 600 ha große Park umfasst das gesamte Bergmassiv einschließlich seiner dichten Bewaldung. Er gehört zu den landesweit zehn besonders bedeutenden Gebieten mit höchster Schutzpriorität, die Mitte der 1990er-Jahre als IPAS (Integrated Protected Areas System) zusammengefasst wurden. Anders als die anderen IPAS-Gebiete steht Mount Kanlaon jedoch schon länger unter Naturschutz: Bereits 1934 wurde er zum Nationalpark erklärt.

Eine wilde, urzeitliche Landschaft

Der hochaktive Vulkan wird als Stratovulkan klassifiziert, das bedeutet, dass er das Potential für gravierende und heftige Eruptionen in sich trägt. Tatsächlich kam es in der jüngeren Vergangenheit sehr oft zu Eruptionen, doch diese waren glücklicherweise stets relativ unbedeutend.

Gegenüber: *Mount Kanlaon ist der höchste und zugleich aktivste Vulkan der Visayas; sein Kraterboden liegt tief in einem klaffenden Abgrund.*

Oben rechts: *Hinweisschilder bei den heißen Quellen von Mambucal mahnen Respekt vor der Natur an.*

Ähnlich wie auch bei den meisten anderen Vulkanen der Philippinen ist das Gelände um den höchsten Berg des Visayas-Region extrem steil. Der Gipfel über dem aktiven Krater wird mit unterschiedlichen Höhen zwischen 2438 und 2465 m angegeben. Dieser Krater mit einem Durchmesser von etwa 500 m und seinen blanken Steilwänden bietet einen Furcht erregenden Anblick. Der klaffende Trichter von schier unergründlicher Tiefe speit unentwegt eine kleine Wolke von Dampf und Rauch aus. Die Außenhänge, die zum Krater hinaufführen, enden abrupt in einem messerscharfen Grat, der teilweise sogar in den Trichter überhängt. Es gibt hier keinerlei Vegetation – nur lockeres graues Vulkangeröll, bei dessen Begehung man sehr vorsichtig sein muss.

Nördlich dieses Kraters liegt ein weiterer, erloschener Krater, das Margaha Valley. Das Tal ist mittlerweile mit frischem Grün bewachsen, und die Grasfläche an seinem Südende verwandelt sich in der Regenzeit in einen flachen See von etwa einem Meter Tiefe. Noch weiter im Norden erhebt sich ein zweiter Gipfel, Mount Makawiwili, hinter dem der Berg allmählich flacher wird. Über mehrere alte Vulkankrater, von denen die meisten heute mit schönen Seen gefüllt sind, verläuft die Landschaft stufenweise abwärts bis zu den heißen Quellen von Mambucal.

Naturschutz für den Wald und seine Tierwelt

Seit 1934 wurde die Hälfte der Parks von unbefugten Siedlern in landwirtschaftliche Nutzflächen umgewandelt.

Lage: Im zentralen Norden von Negros, etwa 30 km südöstlich von Bacolod.

Klima: Trockenzeit von Januar bis Mai, schwere Regenfälle von Juni bis Dezember. Die Temperaturen liegen im Tiefland bei 30–37 °C; auf 1500 m zeigt das Thermometer etwa 15 °C und auf dem Gipfel noch weniger.

Beste Reisezeit: Aufstiege sind nur in der Trockenzeit möglich; während der Regenzeit ist der Berg für Wanderer gesperrt.

Anreise: Täglich Flüge von Manila nach Bacolod, weiter mit dem Bus nach La Carlota und dann mit dem Jeepney nach Guintubdan; von Mambucal zurück nach Bacolod wieder mit dem Jeepney.

Genehmigungen: Erhältlich beim Parkbüro in Bacolod. Die Genehmigungen werden im Parkbüro in Guintubdan kontrolliert.

Ausrüstung: Gute Wanderstiefel, komplette Campingausrüstung, Verpflegung und Brennmaterial, Insektenschutzmittel, regendichte und warme Kleidung, Anti-Blutegel-Socken, Kamera, Fernglas.

Einrichtungen: Führer und Träger vermittelt das Tourismusbüro in Bacolod. Einen Zeltplatz gibt es in Guintubdan und fünf weitere entlang der Wanderstrecke. Die Wege werden nicht gewartet. In Mambucal gibt es Hotels und hervorragende heiße Quellen.

Flora und Fauna: Dipterokarpazeen-, Berg- und Mooswald mit verschiedenen Blütenpflanzen, Rotangpalmen und Kletterpflanzen. Wildtiere – mit Ausnahme einiger Waldvögel – sind schwer zu sehen. In der Gegend von Mambucal gibt es Flughunde.

Aktivitäten: In den heißen Quellen entspannen, wandern, fotografieren.

Map labels:
Nach Bacolod
Murcia
Bago
Heiße Quellen
Mambucal
Guintubdan
La Carlota
San Enrique
Pontevedra
Mount Kanlaon Natural Park
Mt Kanlaon 2465m (8088ft)
San Carlos
Kanlaon
Vallehermosa
La Castellana
NEGROS
Hinigaran
Binalbagan
Magallon
Himamaylan
Guihulngan
Tanon Strait
Manila
Negros
Malaysia
N

Aber die verbliebenen 11 500 ha sind mit dichtem Wald bewachsen, wobei je nach Höhenlage die drei Haupttypen – immergrüner Tiefland-Regenwald, Berg- und Mooswald – vertreten sind. Obwohl die Waldflächen immer wieder von Ackerland unterbrochen sind und an der Nordseite des Berges zusätzlich durch ein kürzlich erbautes Geothermikkraftwerk beschädigt wurden, findet man in einigen Teilen des Tieflandwaldes noch die charakteristische dreiteilige Stockwerkgliederung. Die oberste Etage des Blätterdaches bilden die bis zu 37 m hohen Dipterokarpazeenbäume. Sie umfassen verschiedene Salbaumarten, die auf den Philippinen unter Namen wie »Lauan«, »White Lauan« und »Tanguile« bekannt sind. All dies sind wertvolle Tropenhölzer, die heute aufgrund der unausgesetzten massiven Rodungen im ganzen Land selten geworden sind. Auf der nächsten Ebene folgen bis zu 20 m hohe Bäume, die den Großteil der Baumarten des Waldes stellen. Die unterste Etage schließlich setzt sich aus jungen Bäumen beider Gruppen zusammen.

Auf etwa 1000 m Höhe geht dieser Wald in Bergwald über, der durch eine zweiteilige Höhengliederung gekennzeichnet ist. Neben Bäumen bis zu 20 m Höhe findet man in großer Zahl Schraubenpalmen, die als frei stehende Sträucher oder als Kletterpflanzen auftreten. Außerdem gedeihen hier Kletterbambus, Rotang- und andere Palmen sowie ein breites Spektrum weiterer Kletterpflanzen. Gelegentlich sieht man auch blühende Pflanzen wie die unterdessen recht seltene Medinille (Medinilla magnifica), deren einheimischer Name »Kapa-Kapa« lautet. Sie ist ein Epiphyt, dessen rosa Blüten in Büscheln von den Bäumen herabhängen.

In noch höheren Lagen nimmt mit steigender Niederschlagsmenge auch der Moosbewuchs auf den Bäumen zu. Auf über 1800 m Höhe befindet man sich im Reich des Mooswaldes, dessen Baumwipfel eine einheitlich niedrige Höhe haben; die zwergenhaften Bäume sind in dicke Mooslagen eingepackt. Daneben gibt es eine reiche Vegetation, zu der Kannenpflanzen ebenso gehören wie Geweihfarne und Orchideen – darunter die seltene Art »Waling-Waling«, die gewöhnlich eher mit Mindanao in Verbindung gebracht wird.

Etwa 50 Vogelarten sind im Park heimisch, so auch eine Buschtimalienart, der Bindenraupenfänger, der Tariktikhornvogel und der Spatelschwanzpapagei, deren Vorkommen auf Negros vermutlich auf einige wenige Stellen begrenzt ist. Nur elf Säugetierarten wurden bislang beobachtet, darunter der Prinz-Alfreds-Hirsch und das Pustelschwein – zwei stark gefährdete Arten – sowie die Tangalunga, die Bengalkatze und fünf Flughundarten.

Aufstieg zum Vulkan

Es gibt mehrere Routen auf den Berg. Zu den besten gehört ein Aufstieg mit zwei Übernachtungen im Zelt, der im Dorf Guintubdan an der Westflanke des Berges beginnt. In dieser Region gibt es mehrere attraktive Wasserfälle, und das Dorf gilt als Hauptstadt der Kampfhahnzucht auf Negros: Die Anzahl der Zuchthähne im Ort ist unvorstellbar! Von hier führt der Weg durch dichten Bergwald steil hinauf zur Kammlinie rund um das Margaha Valley und weiter zum aktiven Krater.

Nach dem Aufstieg zum Gipfel folgt man am besten dem Weg über den Grat und am Gipfel des Makawiwili vorbei durch dichten Mooswald zur Samoc Lagoon, einem schönen Kratersee, dessen Ufer zur Übernachtung im Freien einladen. Dieser Routenabschnitt ist anstrengend, weil man ständig über umgestürzte Bäume klettern muss, aber auf einer Höhe von etwa 800 m beginnt der Dipterokarpazeenwald, und der Weg wird einfacher.

Mit Erreichen des neuen Geothermikkraftwerks beginnt der letzte Teil der Wanderung. Nach einigen Stunden passieren Sie den Parkeingang bei Wasay, und kurz darauf gelangen Sie zu der hübschen kleinen Hotelanlage an den heißen Quellen von Mambucal – ein idealer Ort der Entspannung nach den Mühen der langen Tour!

Oben: *Das Margaha Valley, ein alter Vulkankrater unweit vom Gipfel des Mount Kanlaon.*

Links: *Eine blühende wilde Hortensie im Bergwald am Mount Kanlaon.*

Links: *Auch Blütenstände des wilden Ingwer sieht man im dichten Bergwald.*

Gegenüber: *Der Magasawang-Fall, ein nur wenige Gehminuten von Guintubdan im Wald verstecktes Kleinod.*

DANJUGAN ISLAND MARINE RESERVE & WILDLIFE SANCTUARY

Schutzmaßnahmen auf einer kleinen Insel

Diese winzige Insel unmittelbar vor der Südwestküste von Negros ist ein Juwel, denn sie ist nicht nur von einem korallenreichen Saumriff umgeben, sondern auch vollständig bewaldet und beheimatet daher eine bedeutende Anzahl von Tierarten. Zwar litt die Insel in den 1980er-Jahren zunehmend unter Umweltschäden, aber Mitte der 1990er-Jahre wurde mit viel Energie ein Programm etabliert, mit dessen Hilfe kürzlich ein offizieller Schutzstatus erreicht werden konnte.

Ein artenreicher Lebensraum

Danjugan ist nicht viel mehr als ein Fleckchen Land von 1,5 km Länge und 500 m Breite. Doch auf diesem kleinen Gebiet bedeckt dichter Wald eine Kette messerscharf gekanteter Karsthügel, es gibt fünf Lagunen mit Mangrovenbestand an den Ufern, weiterhin mehrere Höhlen und verschiedene Strände. Der Wald und die Mangroven beheimaten schätzungsweise 68 Vogelarten – was für eine derart kleine Landfläche bemerkenswert ist; darunter sind winzige Rotbauch-Mistelfresser und ein Weißbauch-

Gegenüber: Die Wellen brechen am Saumriff von Danjugan, einem Inseljuwel vor der Südwestküste von Negros.

Oben rechts: Blühender Lumnitzera-*Mangrovenbaum.*

Seeadler-Paar, das jedes Jahr in einem hohen Baum am Typhoon Beach nistet. Der Adlerhorst ist eine mächtige, grob aus Stöcken zusammengesetzte Konstruktion. Im Wald und in den Höhlen leben mehrere Arten von Flughunden und Insekten fressenden Fledermäusen, und an den Strände legen Grüne Meeresschildkröten und Echte Karettschildkröten ihre Eier ab.

Untersuchungen haben ergeben, dass die Riffe neben ungefähr 230 Fischarten etwa 240 von landesweit 450 Korallenarten beheimaten, die zu 72 Korallengattungen gehören.

Die Insel befindet sich jedoch nicht mehr im Naturzustand. Es gab einige Rodungen, und die Riffe wurden in den 1980er-Jahren durch Fischerei mit Dynamit und Zyanid beschädigt. Damals brachte die Schließung eines Steinbruchs hohe Arbeitslosigkeit in die örtliche Gemeinschaft, die daraufhin zu diesen zerstörerischen Fischereimethoden griff. Weitere Schäden wurden von zwei schwere Taifunen angerichtet, die Sedimente von den entwaldeten Hügeln auf dem nahe gelegenen Festland ins Meer spülten. Außerdem sind die Gewässer stark überfischt. Dies ist zum einen den Raubzügen auswärtiger kommerzieller Fangflotten zuzuschreiben und zum anderen den für ihren Lebensunterhalt kämpfenden einheimischen Fischern aus dem nahen Dorf Bulata auf dem Festland.

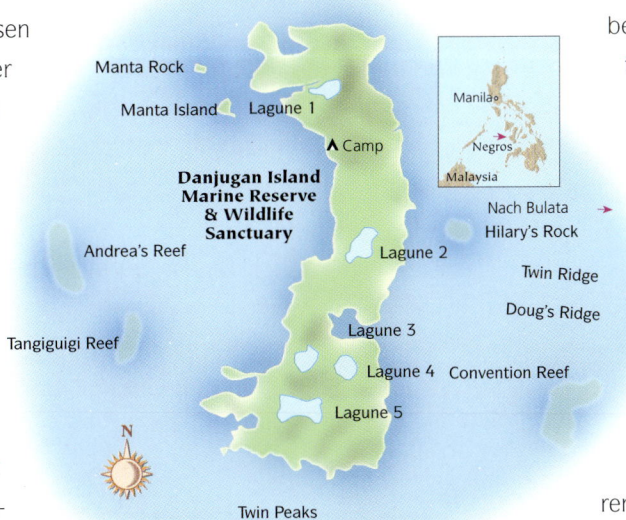

Manta Rock
Manta Island
Lagune 1
^ Camp
Danjugan Island Marine Reserve & Wildlife Sanctuary
Andrea's Reef
Tangiguigi Reef
Lagune 2
Lagune 3
Lagune 4
Lagune 5
N
Twin Peaks
Manila
Negros
Malaysia
Nach Bulata
Hilary's Rock
Twin Ridge
Doug's Ridge
Convention Reef

Lage: 3 km vor der Südwestküste von Negros, gegenüber dem Dorf Bulata und 150 km südlich der Provinzhauptstadt Bacolod.

Klima: Trockenzeit von November bis Mai, Regenzeit von Juni bis Oktober oder November. Die Tageshöchsttemperaturen liegen in der kühleren Jahreszeit (Januar bis Februar) bei etwa 30 °C und steigen auf 34–36 °C im Mai. Aufgrund der Meeresbrise sind die Nächte einigermaßen kühl.

Beste Reisezeit: Die Trockenzeit! Zwar gibt es auch während der Regenzeit Sonnentage, aber die häufig auftretenden starken Stürme können die Insel tagelang von der Außenwelt abschneiden.

Anreise: Täglich Flüge von Manila nach Bacolod. Von hier besteht eine regelmäßige Busverbindung nach Sipalay, auf deren Strecke Bulata liegt. Manchmal muss man in Kabankalan umsteigen. Von Cebu kommend fliegt man nach Bacolod oder setzt mit der Schnellfähre nach Dumaguete in Südostnegros über. Weiter mit dem Bus nach Kabankalan und dann Richtung Sipalay. Von Bulata verkehren Mietboote auf die Insel Danjugan.

Genehmigungen: Erhältlich bei der Philippine Reef and Rainforest Conservation Foundation Inc. in Bacolod.

Ausrüstung: Wanderschuhe, Badekleidung, Schnorchel- oder Tauchausrüstung (derzeit noch keine Mietausrüstungen vor Ort), Sonnencreme mit hohem Lichtschutzfaktor, Insektenschutzmittel.

Einrichtungen: Übernachtungsmöglichkeiten in Bulata und Sipalay. Mietboote in Bulata. Ein paar Fußwege auf Danjungan.

Flora und Fauna: Weißbauch-Seeadler, Flughunde, verschiedene Waldvögel, Kalksteinwald, Mangroven, Meeresschildkröten, viele Korallen- und Riff-Fischarten.

Oben: *Die Felsküste von Danjugan.*

Unten: *Ein Weißbauch-Seeadler an seinem Nest.*

Naturschutz auf und um Danjugan

1995 wurde die Insel von der neu gegründeten Privatorganisation Philippine Reef and Rainforest Conservation Foundation Inc. (PRRCFI) mit Hauptsitz in Bacolod, der Provinzhauptstadt im Norden von Negros, mit Hilfe der britischen Organisation World Land Trust käuflich erworben. Seither bemüht PRRCFI sich mit viel Einfallsreichtum um die Wiederherstellung der Natur auf Danjugan und auch um verbesserte Lebensbedingungen für die örtlichen Fischer.

In der ersten Phase des Schutzprogramms wurden zunächst Flora und Fauna der Insel inventarisiert. Mehrere philippinische und internationale Wissenschaftler untersuchten den Lebensraum auf dem Land, und die britische Organisation Coral Cay Conservation sorgte für einen ununterbrochenen Strom von Freiwilligen, die die Riffe rund um die Insel kartografierten und studierten. Gleichzeitig wurde damit begonnen, durch Gemeindearbeit die Unterstützung der Fischer von Bulata zu gewinnen, das Umweltbewusstsein zu stärken und alternative oder zusätzliche Einkommensquellen zu entwickeln.

Das Programm beginnt bereits, Früchte zu tragen. Die Fischer selbst legten die Grenzen mehrerer Zonen fest, in denen überhaupt nicht gefischt werden darf, und bestimmten eine breite Pufferzone, in der nur das Fischen mit der Angelschnur erlaubt ist. Es scheint, als habe der Fischbestand bereits wieder zugenommen, doch dieser Eindruck muss erst noch durch eingehende Beobachtungen seitens der Organisation Coral Cay Conservation bestätigt werden. Der Campingplatz am Strand, der vom Nistbaum der Weißbauch-Seeadler überragt wird, wurde kürzlich zu einem kleinen Forschungszentrum ausgebaut, in dem Studenten und Naturschützer auch übernachten können. Die Gemeindearbeit zur Entwicklung alternativer Einkommensquellen geht weiter, und neuerdings wurde mit Vorbereitungen für die Wiederaufforstung der kahlen Hügel auf dem Festland oberhalb von Bulata und der nahe gelegenen Ortschaft Sipalay begonnen.

Landesweit betrachtet ist das Danjugan-Projekt sehr klein, aber es steht zu hoffen, dass das hier praktizierte Modell auf den gesamten Philippinen Anwendung finden wird. So könnten viele ähnliche Lebensräume wiederhergestellt und gleichzeitig wirtschaftliche Verbesserungen für die lokale Bevölkerung erreicht werden.

Besuche in der Region

Bis vor kurzem gab es nur eine einzige Übernachtungsmöglichkeit in Sipalay, 10 km südlich von Bulata an der Küste, was Besuche der Region von Bulata und Danjugan aus erschwerte. Neuerdings wurde jedoch eine kleine Hotelanlage in Bulata eröffnet, und in Kürze wird eine weitere Anlage auf einer Nachbarinsel von Danjugan folgen. Beide Hotels verstehen sich als umweltverträgliche Anla-

gen, die im Einklang mit den Zielen von PRRCFI stehen. Bulata ist ein typisches, armes, aber lebendiges und freundliches Fischerdorf. Beim Rückzug auf die unbewohnten Inseln ist nur noch der Klang des Waldes und des Meeres zu hören. Wenn man sich im Boot der Insel Danjugan nähert, türmt sich der Wald immer höher auf, und allmählich werden die Stimmen der Vögel und Insekten lauter – eine Symphonie des Waldes, die in den Kokospalmenhainen und im Buschland um die Dörfer auf dem Festland nur selten erklingt. Nachts erstirbt die Musik und wird ersetzt vom Quaken der Frösche und vom stillen Feuerwerk tausender Glühwürmchen, die mit den Sternen wettzueifern scheinen.

Links: *Ausländische Naturschützer bei der Vorbereitung von Inventarisierungsarbeiten an einem der Korallenriffe von Danjugan.*

Unten: *Ein weit verbreitetes Tier am Korallenriff ist die große farbenprächtige* Polycarpa-*Seescheide.*

Unten: *Große Flächen von* Lithophyton-*Weichkorallen bedecken Riffe, die sich von Beschädigungen erholen.*

SOUTHERN NEGROS FOREST RESERVE

Wälder, Seen und Vulkane

Diese vulkanische Landschaft liegt ganz im Süden von Negros hinter Dumaguete, der Hauptstadt der Provinz Negros Oriental. Der Park umfasst mehrere Seen und zwei Berggipfel, die zusammen unter der Bezeichnung Cuernos de Negros (»Hörner von Negros«) bekannt sind; sie bilden den südlichsten von sechs Vulkanen, aus denen sich der Negros Volcanic Belt zusammensetzt. Das Southern Negros Forest Reserve beherbergt einen von nur drei alten Wäldern, die auf der Insel Negros verblieben sind, und ist deshalb von großer Bedeutung für den Naturschutz.

Eine vulkanische Landschaft

Der Cuernos-de-Negros-Vulkan mit der hübsch gelegenen Universitätsstadt Dumaguete zu seinen Füßen erhebt sich unvermittelt hinter

Gegenüber oben: *Der Lake Balinsasayao wird von den Gipfeln der Cuernos de Negros überragt.*

Gegenüber unten links: *Früchte einer Betelpalme im dichten Bergwald an den Hängen des Mount Talinis.*

Gegenüber unten rechts: *Die meisten Orchideen wachsen als Epiphyten auf Baumstämmen oder Ästen; Erdorchideen – wie dieses blühende Exemplar am Mount Talinis – sind seltener zu finden.*

Oben rechts: *Kleinlibelle am Ufer des Lake Balinsasayao.*

der Südostküste von Negros. Mount Talinis (1870 m) und Mount Chesco (1650 m) sind die beiden Gipfel des Vulkans. Der Vulkan ist zwar inaktiv, es gibt aber ausgeprägte geothermische Aktivitäten, wie etwa Fumarolen an der unteren Südostflanke in der Nähe der Ortschaft Valencia, die von einer geothermischen Anlage angezapft werden.

Mehrere Seen füllen alte Vulkankrater: Lake Hulawig und Lake Yagumyum liegen zwischen den beiden Gipfeln, Lake Nailig befindet sich auf dem Gipfel des Mount Chesco selbst. Die größten Seen – Danao und Balinsasayao –, die zusammen Twin Lakes genannt werden, liegen eng beieinander auf einer Höhe von nur 800 m im nordöstlichen Teil des Reservats, 10 km nördlich des Mount Talinis.

Wald und Fauna

Auf 4000 ha Gesamtfläche umgibt dichter, alter Wald die Gipfel und Seen. Die tiefer gelegenen Bereiche, vornehmlich rund um die Twin Lakes, haben noch ausgedehnte Bestände an Dipterokarpazeen-Tiefland-Regenwald sowie Abschnitte mit Almaciga-Bäumen, dem mächtigsten Baum der Philippinen, der Höhen von bis zu 60 m erreichen kann. Der größere Teil des Waldes jedoch – besonders an den Hängen des Mount Talinis – ist Berg- und Mooswald, und die Vegetation am Gipfel des Mount Talinis besteht überwiegend aus Wacholder.

Eine Serie von Untersuchungen hat bewiesen, dass selbst auf dieser relativ kleinen Waldfläche ein großes Spektrum von Tierarten heimisch ist, von denen viele sel-

Lage: Im äußersten Süden von Negros, 15 km westlich von Dumaguete, der Hauptstadt der Provinz Negros Oriental.

Klima: Trockenzeit von Januar oder Februar bis Mai, alle übrigen Monate regnerisch. Temperaturen im Tiefland bei 30–37 °C und in der Gipfelregion bei 15 °C.

Beste Reisezeit: In den trockeneren Monaten. Touren zum Mount Talinis sind auch bei etwas feuchterem Wetter möglich, aber der Weg für allradbetriebene Fahrzeuge zu den Twin Lakes wird bei Regen schnell unpassierbar.

Anreise: Tägliche Flüge von Manila nach Cebu, dann Schnellfähre nach Dumaguete, oder Direktflug von Manila nach Dumaguete (regelmäßig, aber nicht täglich). Für Fahrten zu den Twin Lakes stehen Mietwagen mit Allradantrieb sowie Führer zur Verfügung. Für Besteigungen des Mount Talinis vom Camp Lookout heuern Sie einen Führer an, fahren mit dem Jeepney nach Valencia und weiter mit einer Motorradrikscha zum Startpunkt der Route.

Genehmigungen: Nicht erforderlich.

Ausrüstung: Gute Wanderschuhe, komplette Campingausrüstung und Verpflegung (wenn Übernachtungen geplant sind), wasserdichte Kleidung, Kamera, Fernglas.

Einrichtungen: Einfache, nicht gewartete Wanderwege. Viele Übernachtungsmöglichkeiten in Dumaguete. Zeltmöglichkeit am Ufer des Lake Yagumyum.

Flora und Fauna: Verschiedene Waldtypen an den Twin Lakes und am Mount Talinis. Wildtiere – außer einigen Waldvögeln – sind schwierig zu beobachten. Einige Säugetiere kann man in Gefangenschaft beim Center for Tropical Conservation Studies in Dumaguete sehen.

Aktivitäten: Vogelbeobachtung, Bootsfahrten auf dem Lake Balinsasayao, Touren zum Mount Talinis.

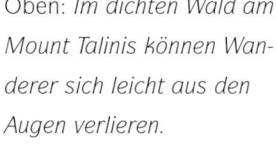
Oben: *Im dichten Wald am Mount Talinis können Wanderer sich leicht aus den Augen verlieren.*

Oben rechts: *Die Gelbbrust-Fruchttaube findet am Mount Talinis noch ein Refugium.*

ten sind und deren Überleben von der Gesundheit des Waldes abhängt. 50 der 102 Vogelarten, zwölf von 24 Säugetieren und 37 von 68 Amphibien, die hier registriert wurden, sind auf den Philippinen endemisch. Sieben der endemischen Vogelarten wiederum kommen nur auf Negros vor, und mindestens zehn Arten sind in unterschiedlichem Maße gefährdet – so etwa der Mindanao-Hornvogel und ganz besonders die Negros-Dolchstichtaube. Zu den Vögeln, die man im Park häufiger sieht, gehören verschiedene endemische Rotbauch-Mistelfresser und das Philippinenpapageichen.

Unter den endemischen Säugetieren sind hier der Prinz-Alfreds-Hirsch, das Pustelschwein, drei Nagetier- und acht Flughundarten heimisch, darunter der größte Flughund der Welt. Außerdem gibt es einige wenige Bengalkatzen, Fleckenmusangs und Tangalungas im Reservat.

Trotz seiner großen Bedeutung für den Naturschutz schrumpft der Wald unter dem Druck der umliegenden

Bevölkerung immer weiter. Gegenwärtig sind die Schutzmaßnahmen noch unzusammenhängend, doch es gibt bereits einige Ansätze verschiedener Privatorganisationen sowie vonseiten der Silliman University und des Center for Tropical Conservation Studies (Centrop) – beide in Dumaguete ansässig – die Bevölkerung bei der Entwicklung alternativer, umweltverträglicher Einkommensquellen zu unterstützen.

Ausflüge zu den Seen und in die Berge

Die interessantesten Ausflugsziele sind die Twin Lakes und der Mount Talinis. Zu den Seen gelangt man über einen langen, sehr schlechten Weg, der mit allradbetriebenen Wagen befahrbar ist und neben einem kleinen See an der Grenze zwischen Ackerland und Wald endet. Von hier führt eine kurze Wanderung zum Ufer des Lake Balinsasayao, wo man zumeist einheimische Bauern antrifft, die Besucher gegen Entgelt in winzigen Auslegerkanus über den See rudern. Der weite See mit seinem gekräuselten blauen Wasser, inmitten von dichtem grünem Dipterokarpazeenwald und mit den Spitzen der Cuernos de Negros im Hintergrund, ist ein herrlicher Anblick. Vom gegenüberliegenden Ufer geht es in einer weiteren kurzen Wanderung über einen Bergsattel zum kleineren Lake Danao.

Zum Mount Talinis führen mehrere Wege; der am besten zugängliche beginnt im Camp Lookout in der Nähe

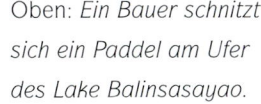

von Valencia. Man kann an einem Tag bis zum Gipfel aufsteigen und nach Dumaguete zurückkehren, aber die Geländebedingungen machen dies zu einem anstrengenden Unternehmen. Zunächst geht es eine Stunde lang durch Ackerland, aber kaum hat der naturbelassene Wald begonnen, wird dieser sehr dicht. Der Bergwald mit Baumhöhen von 15–20 m geht später in Mooswald mit zwergenhaften Bäumen von nur 3–4 m Höhe über. Von einem Höhenzug, der einst abgeholzt wurde, hatte man früher einen herrlichen Blick über Dumaguete auf das Meer; nachdem der Wald heute wieder hoch steht, ist dieser Ausblick nun wieder verschlossen. Kurz darauf gabelt sich der Weg: Der eine Pfad geht bergab zu einem Dorf am Ufer des Lake Yagumyum, während der andere Pfad in einer mehrstündigen Wanderung bis zum Gipfel führt. Nach den Anstrengungen des langes Aufstiegs hofft man auf einen spektakulären Rundblick, aber selbst hier oben reicht dichte Vegetation bis an den Wegesrand heran. Am Ufer des Kratersees kann man sein Zelt aufschlagen, und Wanderern, die sowohl die Seen als auch den Gipfel besuchen wollen, ist eine Übernachtung an diesem Platz anzuraten.

Oben: *Ein Bauer schnitzt sich ein Paddel am Ufer des Lake Balinsasayao.*

Links: *Die Vegetation des Waldbodens in den Bergwäldern am Mount Talinis besteht überwiegend aus Tropenwurz.*

Links: *Im Wald am Mount Talinis wächst der Fruchtstand einer Ingwerpflanze direkt aus dem Boden hervor.*

APO ISLAND PROTECTED LANDSCAPE & SEASCAPE

Eines der ersten Meeresschutzgebiete

Diese kleine vulkanische Insel mit einer Fläche von 75 ha – nicht zu verwechseln mit Apo Reef vor der Westküste von Mindoro – liegt unmittelbar vor der Südostspitze von Negros, 7 km von Malatapay entfernt. Das Gebiet wurde 1985 zum Meeresreservat erklärt und ist damit eines der ältesten und auch erfolgreichsten Schutzgebiete des Landes; 1995 wurde die gesamte Insel unter Schutz gestellt. Als Resultat des verhältnismäßig langen störungsfreien Zeitraums wimmelt das Riff nur so von Leben. Demzufolge steigt die Popularität der Insel bei Tauchern stetig, und immer mehr Tauchboote kommen aus den nahe gelegenen Orten Dumaguete und Dauin.

Gegenüber oben: *Große Vasenschwämme kommen häufig an der Südwestküste von Apo Island vor.*

Gegenüber unten links: *Die nur wenige Zentimeter großen Dendronephthya-Weichkorallen sind an der Westseite von Apo Island häufig zu sehen.*

Gegenüber unten rechts: *Seescheiden der Gattung Atriolum sind weit verbreitete Bewohner der philippinischen Riffe.*

Oben rechts: *Fass-Schwämme von mehr als einem Meter Größe sind kein ungewöhnlicher Anblick rund um die Insel.*

Lebensräume auf der Insel und am Riff

Die felsige Insel hat eine annähernd ovale Form mit nordsüdlich verlaufender Achse und zwei Hügel, von denen der nördliche mit etwa 200 m der höhere ist. Im Flachland zwischen den beiden Hügeln, die mit sekundärem Buschland bewachsen sind, liegt das Dorf der Insel mit seinen gut 400 Einwohnern. Diese haben an den Hügelflanken ein paar Äcker mit verschiedenen Feldfrüchten angelegt. Im Osten der Insel gibt es zwei Lagunen mit Mangrovenbestand, die vom Meer durch einen steilen Kieselstrand getrennt sind. An der Westküste, wo das Zentrum des Dorfes liegt und die Boote anlegen, wechseln sich Sand- und Felsstrände ab.

Die Insel ist komplett von einem Saumriff umgeben, das einen schmalen Bereich im Flachwasser zwischen fünf und sieben Metern hat und dann in einen Steilhang übergeht, der auf über 30 m Wassertiefe abfällt. Das Riff hat im Osten der Insel eine deutlich andere Gestalt als an der Westseite. Im Westen ist der Riffhang dicht mit Weichkorallen besiedelt, während die Ostseite vornehmlich aus vulkanischen Felsen besteht, die mit Steinkorallen und vergleichsweise weit weniger Weichkorallen bedeckt sind. Apo ist von tiefen Gewässern umgeben und bekannt für seine ausgesprochen heftigen Strömungen, die gewöhnlich von Norden nach Süden verlaufen und häufig in plötzlichen Richtungswechseln örtliche Strudel entstehen lassen.

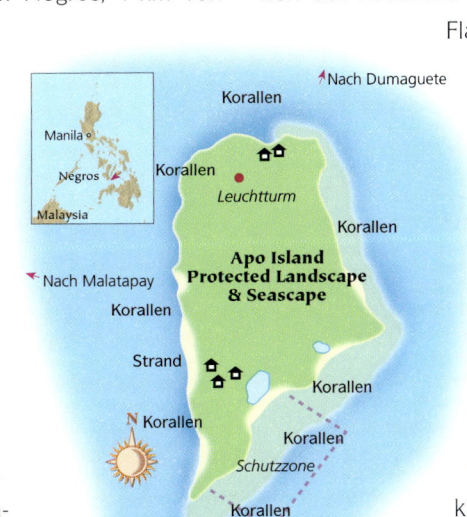

Nach Dumaguete

Korallen

Manila

Negros

Malaysia

Korallen

Leuchtturm

Korallen

Apo Island Protected Landscape & Seascape

Nach Malatapay

Korallen

Strand

Korallen

Korallen

Korallen

Schutzzone

N

Korallen

Korallen

Lage: Vor der Südostküste von Negros, 7 km östlich von Malatapay und 25 km südlich von Dumaguete, der Hauptstadt der Provinz Negros Oriental.

Klima: Regenzeit von Juni bis Dezember, Trockenzeit von Januar bis Mai. Nordostwind von Juni bis Oktober/November; Südwestwind während der übrigen Monate.

Beste Reisezeit: April und Mai haben die meisten Sonnenstunden und das ruhigste Meer, aber auch die höchsten Temperaturen. Von November bis März ist es kühler, aber der starke Nordostwind sorgt oft für raue See. Von Juni bis Oktober ist es gewöhnlich ruhiger, dafür steigen Regenmenge und Taifunrisiko.

Anreise: Tägl. Flüge von Manila nach Cebu oder Bacolod, dann Schnellfähre (von Cebu) oder Expressbus (von Bacolod) nach Dumaguete. Direktflüge von Manila nach Dumaguete. Tauchbasen in Dumaguete und Dauin laufen die Insel mit eigenen Booten oder mit Mietbooten aus Malatapay an. Bei Anreise auf eigene Faust mietet man in Malatapay ein Boot.

Genehmigungen: Nicht erforderlich.

Ausrüstung: Badekleidung, Sonnencreme mit hohem Lichtschutzfaktor, Kamera, wasserdichte Reisetasche. Tauchausrüstung kann gemietet werden.

Einrichtungen: Tauchbasen in Dumaguete und Dauin. Zwei kleine Hotels mit Tauchstationen auf Apo Island. Mietboote in Malatapay. Gute Hotels in Dumaguete, Strandhotels in Dauin.

Flora und Fauna: Viele Korallen und Fische – v. a. Falterfische, Halterfische, Zackenbarsche und Lippfische; außerdem Barrakuda- und Stachelmakrelenschwärme.

Aktivitäten: Tauchen, Schwimmen, Fotografieren.

Ein Modell für den Schutz von Korallenriffen

In den frühen 1980er-Jahren begannen Wissenschaftler der Silliman University im nahe gelegenen Dumaguete, ein Programm zum Schutz des Riffs von Apo Island auszuarbeiten. Durch Gemeindearbeit gelang es ihnen, die Bevölkerung für ihre Idee zu gewinnen. 1985 erklärte die örtliche Regierung die Gewässer rund um die Insel bis auf 500 m Entfernung von der Küste zum Meeresreservat, in dem nur traditionelle Fischereimethoden mit Angelschnüren gestattet sind. Ein 280 ha großes Gebiet an der Südostseite der Insel wurde als Schutzzone für den Fisch- und Korallenbestand komplett unter Fischereiverbot gestellt. Zu diesem Zeitpunkt war das Riff an einigen Stellen durch Dynamitfischerei beschädigt; es war deshalb Bestandteil des Schutzprogrammes, hier neue Korallen anzusiedeln.

Seither wurde das Reservat von der Bevölkerung selbst verwaltet, und über die Jahre haben sich die Fangergebnisse verdoppelt. 1995 erklärte das Department of Environment and Natural Resources, die staatliche Umweltbehörde, die gesamte Insel mit den umliegenden Gewässern zum Schutzgebiet.

Es besteht kaum Zweifel daran, dass die Kombination aus Meeresreservat und Schutzzone für den Fisch- und Korallenbestand sehr erfolgreich ist: Die Meerestiere können sich in einer Zone ungestört vermehren und dann über das gesamte Riff ausbreiten. In den letzten Jahren war der zunehmende Tauchtourismus die Hauptursache für Beschädigungen des Riffs, hervorgerufen durch ungeschickte Taucher und die Anker der Tauchboote. Das Ankerproblem konnte unterdessen hoffentlich gelöst werden, denn kürzlich wurden an allen Tauchplätzen fest verankerte Bojen installiert, an denen die Boote festmachen können.

Erkundung von Riff und Insel

Da die Insel komplett von einem Korallenriff umgeben ist, gibt es trotz ihrer geringen Größe mehrere gute Tauchplätze. Fast alle Touren nach Apo Island enthalten einen Tauchgang in der Schutzzone, und daneben gibt es noch verschiedene andere attraktive Plätze, die je nach Strömungs- und Wetterbedingungen angelaufen werden. Überall findet man breite Spektren gesunder Stein- und Weichkorallen sowie Schwämme, und außerdem gibt es Miniaturcañons aus großen Steinblöcken, die von Hirn- und Geweihkorallen bewachsen sind.

Fische gibt es überall um die Insel in großer Zahl, besonders jedoch innerhalb der Schutzzone. Allerorts wimmelt es von bunten Riffbewohnern wie Falterfischen, Halfterfischen, Riffbarschen, Lippfischen, Zackenbarschen, Füsilieren und Drückerfischen. Auch große Kalmare und Seeschlangen sind hier heimisch. Barrakuda-, Makrelen- und Stachelmakrelenschwärme sieht man häufig in der Schutzzone und gelegentlich ziehen Weißspitzen- und Schwarzspitzen-Riffhaie vorüber.

Wenn Ihr Boot zwischen den Tauchgängen auf Apo anlegt, sollten Sie durch das Dorf zu den Mangroven an der Ostküste spazieren. Ein betonierter Pfad führt zudem durch dichten sekundären Busch auf die Spitze des nördlichen Hügels.

Oben: *Barrakudaschwarm.*

Unten links: *Vor einem Tauchgang in der Schutzzone von Apo Island.*

Unten: *Taucher über einer großen Lithophyton-Weichkoralle.*

OLANGO WILDLIFE SANCTUARY

Ein großes Feuchtgebiet als Lebensraum

Diese 920 ha am Südende der Insel Olango vor der Ostküste von Cebu sind das landesweit wichtigste Schutzgebiet für Feuchtgebiets-Zugvögel. Das Areal wurde 1992 unter Schutz gestellt und erhielt 1994 den internationalen Ramsar-Status, was einer Anerkennung der globalen Bedeutung von Olango Island gleichkommt.

Wattenmeer und Mangroven

Olango ist eine sehr tief gelegene Insel von 7,5 km Länge und 3 km Breite, 6 km südöstlich von Mactan Island an der Ostküste von Cebu gelegen. Etwa 16 000 Menschen leben vornehmlich auf der Nordhälfte der Insel. Der südliche Teil besteht aus einer großen und sehr flachen Bucht, in der sich ein ausgedehntes Watt mit Mangrovenbeständen entwickelt hat. Hier liegt das Olango Wildlife Sanctuary.

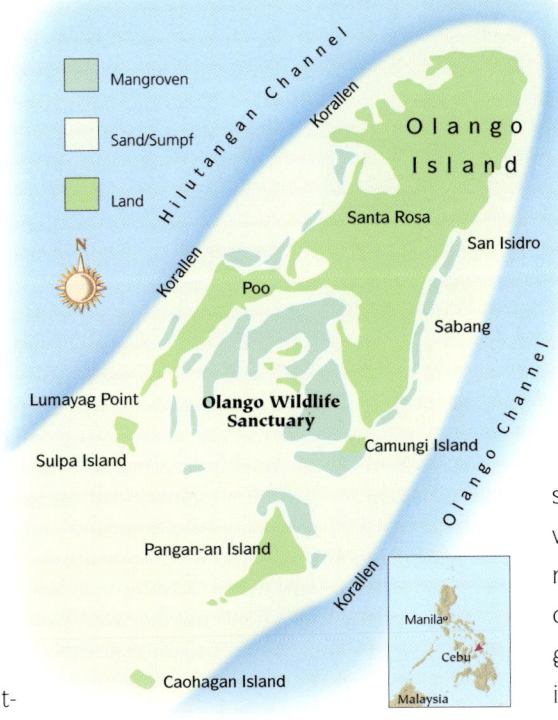

Gegenüber oben: *Mangroven wachsen am Rand des weitläufigen Watts.*

Gegenüber unten: *Schraubenpalmen mit ihren farbenprächtigen Früchten gedeihen auf den nährstoffarmen Böden unmittelbar hinter den Mangroven.*

Oben rechts: *Reiher gehören zu den Stammgästen von Olango.*

Die Schutzzone ist von großer Bedeutung für den East Asian Flyway, die Route, die Tausende von Zugvögeln auf den Flügen zwischen ihren sommerlichen Brutgebieten in Nordostasien und ihren Winterquartieren im Süden und in Australasien benutzen. Etwa 40 000 bis 60 000 Watvögel und andere Küstenvögel überwintern oder rasten hier. Dementsprechend sieht man die meisten Vögel während der Zugvogel-Hochsaison von September bis November auf der Reise nach Süden und zwischen Februar und April auf dem Flug gen Norden.

Der Reichtum des Gebiets an Weichtieren und Würmern und seine Funktion als Kinderstube für viele Meerestiere machen es nicht nur für Zugvögel, sondern auch für die örtliche Bevölkerung zur wichtigen Nahrungsquelle. Die Fische, die in der Schutzzone heranwachsen, bilden die Grundlage der hiesigen Fischereiindustrie, und die reichen Vorkommen an Schalentieren tragen zur Proteinversorgung und zum Einkommen der Inselbewohner bei. Täglich sieht man bei Ebbe Menschen im Watt nach Muscheln und Schnecken suchen – was die Vogelschwärme kaum zu stören scheint.

Es gab verschiedentlich Pläne, den gesamten Lebensraum in Becken für Fisch- und Krabbenzucht umzuwandeln, was für die hier lebenden Tiere und Menschen eine Katastrophe darstellen würde. Nachdem das Gebiet nun den Ramsar-Status erhalten hat, steht zu hoffen, dass seine Zerstörung verhindert werden kann.

Lage: 6 km südöstlich von Mactan Island, vor der Ostküste von Cebu. Von vielen Strandhotels auf Mactan Island aus sichtbar.

Klima: Trockenzeit von Januar oder Februar bis Mai, Regenzeit von Juni bis Dezember oder Januar. Die Temperaturen liegen bei 30 °C im Januar und bei 37 °C im Mai. Die Luftfeuchtigkeit ist immer hoch (mindestens 80 %).

Beste Reisezeit: Für Vogelkundler ist die Zugvogelsaison (September bis November und Februar bis April) die beste Reisezeit.

Anreise: Täglich Flüge von Manila zum Mactan International Airport auf Cebu. Zahlreiche Schnellfähren von Tagbilaran (Bohol) und Dumaguete (Negros) nach Cebu. Nach Santa Rosa auf Olango gelangt man mit der Fähre von Maribago an der Ostküste von Mactan; weiter mit der Motorradriksha zum Naturzentrum.

Genehmigungen: Beim Protected Environments and Natural Resources Office in Cebu City erhältlich.

Ausrüstung: Schuhe, die für Wanderungen in den Mangroven und im Salzwasser geeignet sind. Trinkwasser, Insektenschutzmittel, Kopfbedeckung, Fernglas, Kamera (mit Teleobjektiv), Campingausrüstung und Proviant für Übernachtungen auf Olango.

Einrichtungen: Unterkünfte auf Mactan Island und in Cebu City. Keine Übernachtungsmöglichkeit auf Olango Island. Naturzentrum in der Schutzzone.

Flora und Fauna: Viele Vogelarten, darunter Reiher, Rotschenkel, Regenpfeifer, Wasserläufer und Steppenschlammläufer.

Aktivitäten: Spaziergänge, Vogelbeobachtung.

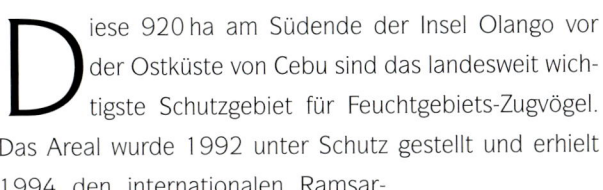

Flora und Fauna

Die Mangrovengebiete bestehen aus 23 Baumarten und assoziierten Pflanzen, überwiegend spezialisierten Kletterpflanzen. Die meisten Bäume gehören zur Gattung *Rhizophora*. Sie sind zumeist nicht höher als zwei Meter, was für Mangroven in den Tropen ungewöhnlich klein ist. Bislang ist ungeklärt, ob dies eine Folge früherer Abholzungen oder der natürlichen Bedingungen vor Ort ist. Weiterhin kommen hier viele Meeresalgen vor, und bisher konnten 16 Seegrasarten identifiziert werden.

Von den fast hundert Vogelarten in der Schutzzone sind 42 Arten Landvögel, die restlichen Arten sind mehr mit dem Wasser verbunden. Zu den bekannten Wasservögeln, die leicht zu beobachten sind, gehören mehrere Regenpfeiferarten, Knutt, Rotschenkel, Regenbrachvogel sowie Strandläufer und Reiher. Auch einige seltene und gefährdete Arten wie Steppenschlammläufer, Schneereiher und Isabellbrachvogel kommen hier noch häufig vor. Zu den weniger zahlreichen Besuchern gehören Mangrovenreiher, Zimtdommel und Knäkente. Unter den weit verbreiteten Landvögeln, die in den Mangroven und im angrenzenden Busch zu sehen sind, finden sich Rauchschwalbe und Südseeschwalbe sowie Rotschwanzwürger, Grünrücken-Nektarvogel und Halsbandliest.

Streifzüge in der Schutzzone

Olango ist mit der Fähre von Mactan Island aus leicht zu erreichen. Alle Touren beginnen beim Natur- und Ranger-Zentrum an der Westseite der Schutzzone. Bei Ebbe verteilen sich die Vögel über das Wattenmeer und sind daher nicht so gut aus der Nähe zu beobachten. Man kann ihnen zwar recht nahe kommen, wenn man langsam über das Watt geht, aber aus Furcht vor Störungen der Vögel werden Besucher davon abgehalten, ihnen dorthin zu folgen. Bessere Möglichkeiten zur Vogelbeobachtung bieten sich bei steigender Flut, wenn die Vögel sich in der Nähe der Mangroven aufhalten.

Oben: *Die Luftwurzeln der Mangroven versorgen die Bäume auch bei Überflutung mit Sauerstoff. Die ausgedehnten Mangrovenbestände rund um das Watt bieten Zugvögeln ideale Bedingungen zur Nahrungssuche und als Ruheplatz.*

Unten: *Verschiedene Watvögel nutzen die flachen Gewässer und das weitläufige Watt von Olango während der Wintermonate als Futterplatz.*

PESCADOR ISLAND MARINE RESERVE

Korallenriffe in der Straße von Tanon

Die winzige Insel Pescador – die Spitze eines Berges, der aus den Tiefen des Meeres hervorragt – ist von einem spektakulären Riff umgeben, in dem es von Leben nur so wimmelt. Obwohl es nur ein kleines Gebiet umfasst, gehört dieses Riff zusammen mit einige benachbarten Riffen zu den besten und am leichtesten zugänglichen Tauchplätzen des Landes. Das Reservat befindet sich an der Südwestküste von Cebu, etwa 90 km von Cebu City entfernt, in der Nähe der Kleinstadt Moalboal.

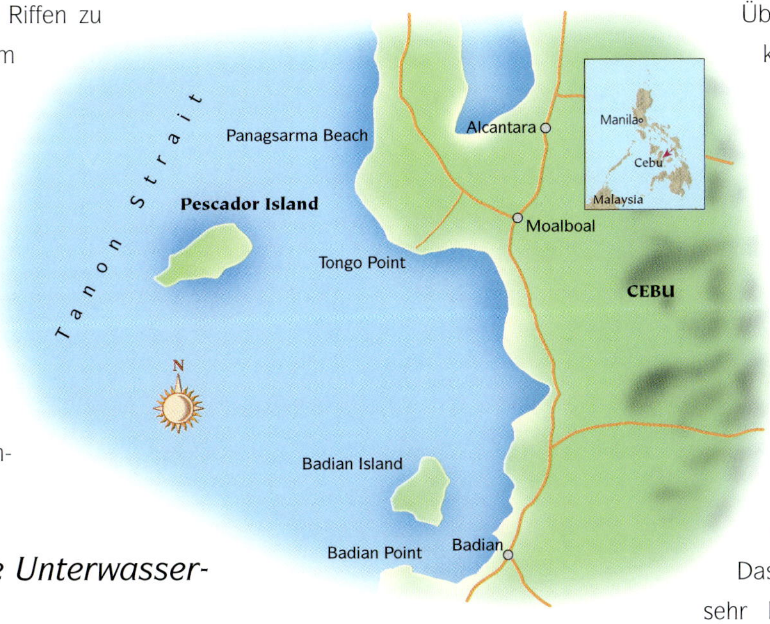

Eine zerklüftete Unterwasserlandschaft

Pescador Island liegt im südlichen Bereich der Straße von Tanon, einem schmalen, aber extrem tiefen Graben, der Cebu und Negros trennt. Obwohl die Meerenge nur etwa 28 km breit ist, fällt sie auf Tiefen bis 550 m hinab. Selbst zwischen Pescador und der Westküste von Cebu ist das Meer bis zu 300 m tief, obwohl der Abstand der Insel zum Festland nur 2 km beträgt!

Die Insel selbst ist gerade einmal 100 m lang und ragt nur 6 m aus dem Wasser hervor. Sie ist eine Klippe aus korallinem Kalkstein, am Wasserspiegel vom Meer unterschnitten, mit flacher Oberfläche und mit rauer Buschvegetation bedeckt. Rund um die Insel verläuft ein Korallen-

Oben rechts: Rotfeuerfische sieht man allerorts zwischen dicht stehenden Steinkorallen in relativ flachem Wasser.

riff, das zunächst auf einem flachen, etwa 100 m breiten Hang von 3 m auf 9 m Wassertiefe absinkt. Anschließend fällt eine senkrechte Wand an der West- und Ostseite auf 40 m und an der Nordseite auf 50 m ab. An dieser Wand finden sich zahllose Vorsprünge, Überhänge, große und kleine Höhlen. Die auffälligste Formation ist die so genannte »Kathedrale«, ein gewaltiger, 34 m tiefer Schacht, der oben und an einer Seite in 15 m Tiefe geöffnet ist.

Eine Schatztruhe mariner Lebensformen

Das Riff beheimatet ein sehr breites Spektrum von Korallen, die sich im gesamten flachen Bereich den Raum streitig zu machen scheinen und einen dichten Wald aus Tischen und Ästen bilden, der an der Riffkante abrupt endet.

Hier findet man buchstäblich alle philippinischen Stein- und Weichkorallenarten, von den großen Tisch- und Hirschhornkorallen der Gattung Acropora über riesige, knollige Hirnkorallen und die zutreffend benannten Pilzkorallen bis hin zu den winzigen Kügelchen der Blasenkoralle und den aufrechten, scharfkantigen Platten der Feuerkorallen. An den Wänden stehen riesige Seefächer, die von den starken Strömungen rund um Pescador profitieren, zudem gibt es verschiedene Arten von Weichkorallen, Schwarzen Korallen, Schwämmen und Meeresnacktschnecken.

Lage: Im südlichen Teil der Straße von Tanon, die Cebu von Negros trennt; 2 km vor der Südwestküste von Cebu. Der nächstgelegene Ort auf dem Festland ist Moalboal.

Klima: Trockenzeit von Februar oder März bis Mai, Regenzeit von Juni bis Januar oder Februar, größte Niederschlagsmengen jedoch zwischen Juli und Oktober. Tagestemperaturen bei 30 °C im Januar und bei 37 °C im Mai. Immer hohe Luftfeuchtigkeit von mindestens 80 %.

Beste Reisezeit: Man kann ganzjährig tauchen; im April und Mai scheint die Sonne am meisten, aber es ist auch die heißeste Zeit des Jahres.

Anreise: Täglich Flüge von Manila nach Cebu. Fähren von Tagbilaran (Bohol) und Dumaguete (Negros) nach Cebu City. Vom South Bus Terminal in Cebu City fahren Busse nach Moalboal (3 Stunden); von dort Motorradrikschas nach Panagsama Beach.

Genehmigungen: Nicht erforderlich.

Ausrüstung: Sonnencreme mit hohem Lichtschutzfaktor, Kopfbedeckung, Kamera, Badekleidung. Tauch- und Schnorchelausrüstungen können gemietet werden.

Einrichtungen: Unterkünfte, Restaurants, Bootsvermietungen, Tauchbasen und Angebote für Tauchkurse in Panagsama Beach.

Flora und Fauna: Außerordentlich vielfältige Unterwasserwelt am Riff von Pescador Island, vom Hai bis zur Grundel, verschiedene Korallenarten. Bootsausflüge in die Straße von Tanon, wo man Delphine und Wale beobachten kann.

Aktivitäten: Tauchen, Schnorcheln, Schwimmen, Delphin- und Walbeobachtung. In der Nähe kann man wandern und Mountainbiketouren unternehmen.

Map labels: Panagsarma Beach · Pescador Island · Tanon Strait · Tongo Point · Badian Island · Badian Point · Badian · Alcantara · Moalboal · CEBU · Manila · Cebu · Malaysia · N

Oben: *Eine Gruppe von Spinnerdelphinen in der ruhigen See der Straße von Tanon, die Cebu von Negros trennt.*

Oben rechts: *Strandhütte in Moalboal am Panagsama Beach.*

Der unberührte Zustand des Riffs von Pescador sorgt dafür, dass es von Fischen nur so wimmelt. Die Liste der hier vorkommenden Arten ist schier endlos; zu den auffälligsten gehören Goldstirn-Schläfergrundeln, Engelfische, Falterfische, Halfterfische, Soldatenfische, Lippfische, Zackenbarsche, Süßlippen, Fledermausfische, Kugelfische und Rotfeuerfische. Aus den tiefen Gewässern rund um das Riff kommen große Schwärme von Stachelmakrelen, Barrakudas, Schnappern und Füsilieren. Makrelen sieht man in diesen Gewässern häufig, gelegentlich auch Weißspitzen-Riffhaie, Graue Riffhaie und Hammerhaie. Mehrere Arten von Delphinen und kleinen Walen leben in der Straße von Tanon, und wenn man ihnen auch bei Tauch-

gängen um Pescador nur selten begegnet, so sind sie doch vom Boot aus häufig zu sehen.

Tauchgänge am Riff

In Panagsama Beach, unweit der Ortschaft Moalboal, sind die meisten Tauchschulen zu finden. Über mehrere hundert Meter reihen sich hier überwiegend auf Tauchgäste spezialisierte Strandhotels, Restaurants und Tauchbasen aneinander. Da der Strand 1984 von einem heftigen Taifun zerstört wurde, wird dem Nichttaucher nicht viel geboten.

Wohl ausnahmslos jeder Taucher möchte der »Kathedrale« zumindest einen Besuch abstatten; abgesehen da-

Rechts: *Die Riffkrone bei Pescador Island ist dicht besiedelt von einer Fülle verschiedener Steinkorallen, die unzähligen kleinen Fischen als Lebensraum dienen.*

von schwimmt man hier gewöhnlich zu Beginn des Tauchgangs mit der Strömung an der Riffwand entlang, steigt dann über die üppig besiedelte Riffkante auf und beendet den Tauchgang im flachen Bereich des Riffs. Zur Abwechslung kann man auch an Bootstouren teilnehmen, die sich auf die Suche nach Delphinen und Walen begeben – große Schulen von Spinnerdelphinen sind dabei so gut wie garantiert. Auf dem Festland werden zudem Touren mit dem Mountainbike und Bergwanderungen organisiert.

Oben: *Pescador Island ist eine kleine Plattform aus Korallenkalk, die aus dem Meer herausragt.*

Ganz links: *Die Becherkorallen der Gattung Tubastraea ziehen ihre Tentakeln bei träger Strömung ein.*

Oben links: *Der bunte Schwamm Clathria mima besiedelt Steine in relativ flachem Wasser.*

Links: *Detail einer Favites-Steinkoralle; diese Korallengattung bildet große, kuppelförmige Gebilde, die mit einem Oberflächenmuster versehen sind.*

ÖSTLICHE VISAYAS & MINDANAO

Trotz ihrer geografischen Unterschiede bilden Mindanao und die Östlichen Visayas eine gemeinsame biogeografische Zone. Während der letzten Eiszeit vor 18 000 Jahren waren all diese Inseln durch Landbrücken verbunden, der Meeresspiegel lag 120 m unter dem heutigen Niveau. Aus diesem Grund ähnelt sich ihre Fauna, die bis zu einem gewissen Grad auch mit der Tierwelt auf Borneo und Sulawesi verwandt ist. Zwei der für diese Region typischen und ausschließlich hier vorkommenden Säugetiere, nämlich der Philippinenkoboldmaki und der Philippinen-Gleitflieger, haben nahe Verwandte auf Borneo. Mit Ausnahme von Bohol gilt es hier noch viel zu entdecken und etliche der bislang ungeschützten Waldgebiete könnten für den Naturschutz sehr wichtig werden. Beispiele hierfür sind Mount Kitanglad und Agusan Marsh: Beide Regionen waren bis in die späten 1980er- und frühen 1990er-Jahre so gut wie unbekannt, während sie heute im Integrated Protected Areas System (IPAS), einem Naturschutzprogramm des Landes, eine zentrale Rolle spielen.

Ein Großteil der Landschaft ist zerklüftet. Das Kitangladmassiv und Mount Apo, die beiden höchsten Gipfel des Landes, erstrecken sich weiträumig über Mindanao. Dies ist einer der Gründe, warum Untersuchungen sich bisher schwierig gestalteten; ein anderer liegt in den lang andauernden Aufständen, die erst zu Beginn der 1990er-Jahre zur Ruhe kamen.

In einigen Schutzgebieten und ihrer Umgebung kann die touristische Infrastruktur recht schlicht sein. Dieser Mangel wird jedoch durch die Gewissheit wettgemacht, sich an der vordersten Front des Naturschutzes zu befinden und damit rechnen zu können, dass sich in Zukunft weitere faszinierende Gebiete auftun.

109

Sohoton National Park

Schluchten und Kalksteinhöhlen

Dieser Nationalpark im Süden von Samar wird nach einer Felsformation, die eine natürliche Brücke über eine Schlucht bildet, auch Sohoton Natural Bridge National Park genannt. Der 1935 eingerichtete Park umfasst auf 840 ha neben sehenswerten Kalksteinhöhlen und Schluchten auch einen Tiefland-Regenwald auf Kalksteinboden, der trotz seiner geringen Ausdehnung eine vielfältige Fauna beherbergt.

Landschaft aus Kalkstein

In dieser Region haben zahlreiche Flüsse ihr Bett in den durchlässigen Kalkstein geschnitten und dabei Schluchten und Höhlen geschaffen. Die Hauptattraktion des Parks, die Höhle Panhulugan I, liegt in einer Schlucht nahe dem Fluss Cadacan und stellt ein dichtes Labyrinth von Tunneln und Kammern voll atemberaubender Stalaktiten und Stalagmiten dar. Viele davon tragen Namen, die ihrem Erscheinungsbild entsprechen,

Gegenüber: *Formationen unberührter Stalaktiten und Stalagmiten sind typisch für die Höhle Panhulugan I im Sohoton National Park.*

Oben rechts: *Javaneraffen trifft man in Sohoton häufig.*

Seite 108: *Mangroven und scharfkantiges Korallengestein in einer ruhigen kleinen Bucht von Siargao Island.*

Seite 109: *Eine Erdorchidee am Waldrand im Mount Malindang National Park.*

z. B. Reisterrassen von Banaue, Chinesische Mauer, Sitzende Madonna oder Königsthron. Neben Panhulugan I, der meistbesuchten und größten, gibt es im Park weitere Höhlen wie Panhulugan II, Sohoton, Bugasan und Kapitagan. In den Höhlen wurden archäologische Funde gemacht – menschliche Zähne (teils verziert), Muschelarmbänder, Perlen und Eisenfragmente. Chinesische Keramikkrüge mit Mustern aus der Ming-Dynastie (14.–17. Jahrhundert), die als Urnen gedient haben dürften, verweisen auf Besiedlung in neuerer Zeit. Während des Zweiten Weltkrieges nutzten Widerstandskämpfer die Höhlen als Versteck vor den Japanern.

Drei Kilometer flussaufwärts von Panhulugan I überspannt die 120 m lange Felsenbrücke, die sogar bewaldet ist, die Schlucht. Sie hat Tausende Jahre von Erosion durch Regen und Flusswasser überdauert. Nach 4 km gelangt man zum Cabungaan-Wasserfall, einer 80 m hohen Kaskade mitten in dichtem Wald am äußersten Rand des Nationalparks.

Die Tiere im Park

Der recht kleine Park besteht überwiegend aus dichtem Tiefland-Dipterokarpazeenwald, der sich den Lebensbedingungen auf Kalkstein angepasst hat. Manche Bäume werden von gewaltig verstrebten Brettwurzeln in der dünnen Humusdecke gehalten, weshalb sie viel kleiner sind als jene Schwindel erregenden Exemplare, die ansonsten in immergrünen Tiefland-Regenwäldern vorherrschen. Die Tierwelt ist typisch für die Fauna-Großregion Mindanao: Es gibt Koboldmakis und Philippinen-Gleitflieger, Bindenwarane, Javaneraffen, Wildschweine und Fleckenmusangs.

Lage: Im Süden von Samar, nordöstlich von Basey auf 11°22' nördlicher Breite und 125°10' östlicher Länge.

Klima: Es gibt keine klar abgegrenzte Trockenzeit. Am meisten Regen fällt im November und Dezember, der trockenste Monat ist der April. Die Temperaturen variieren von 30°C im Januar bis 34°C im Mai. Die Luftfeuchtigkeit ist immer hoch (mindestens 80 %).

Beste Reisezeit: Die Höhlen können auf dem Höhepunkt der Regenzeit geschlossen sein. Einen ausreichend hohen Wasserstand für Bootsfahrten von der Höhle Panhulugan I flussaufwärts hat man meist am Ende der Regenzeit, also im Februar oder März.

Anreise: Viele Flüge von Manila nach Tacloban. Reguläre Schnellfähren von Cebu City nach Ormoc mit anschließenden Expressbusverbindungen nach Tacloban. Von dort weiter mit Jeepney oder Boot nach Basey. Hier kann man Boote für Ausflüge in den Park mieten.

Genehmigungen: Erhältlich in Basey beim Community Environment and Natural Resources Office (CENRO).

Ausrüstung: Feste Schuhe, Taschenlampe, Fernglas, Trinkwasser und Proviant für einen Tag.

Einrichtungen: Übernachtungsmöglichkeiten nur in Tacloban. Boote und Führer stehen in Basey zur Verfügung. Die Park-Ranger werden Sie mit einer Lampe durch die Höhlen führen. Picknickplatz vor der Höhle Panhulugan I. Fußweg von der natürlichen Brücke zum Cabungaan-Wasserfall.

Flora und Fauna: Bindenwarane und gelegentlich Javaneraffen sind am Picknickplatzes zu sehen. Insekten und Spinnen in der Höhle Panhulugan I.

Aktivitäten: Bootsfahrten, Höhlenbesichtigungen, Spaziergänge.

Sogar Feuerhornvögel und Blaunackenpapageien sollen in diesem Wald vorkommen, und 1985 wurde bei Panhulugan I sogar ein Philippinenadler gesichtet!

Ausflüge mit dem Boot und in die Höhlen

Am einfachsten erreicht man den Park über Tacloban, die größte Stadt auf Leyte. Von hier aus geht es per Boot oder Jeepney nach Basey an der Südwestküste von Samar; die anschließende Bootsfahrt auf dem Cadacan dauert weitere 90 Minuten. Besorgen Sie sich beim Community Environment and Natural Resources Office (CENRO) in Basey eine Genehmigung zum Betreten des Parks. Allein die Fahrt mit dem Boot von Basey aus ist ein Abenteuer: Nach dem Start in der Mündung des Cadacan arbeitet sich das Boot flussaufwärts durch Mangroven, in denen häufig Reiher zu sehen sind. Nipapalmen lösen über weite Uferstrecken die Mangroven ab, hier und da sieht man ein Dorf oder tief liegendes Ackerland. Zahlreiche Fischer werfen von winzigen Auslegerkanus Angelruten oder kleine Netze aus.

Kurz vor dem Park beginnt der Fluss sich durch zunehmend bewaldete Hügel zu schlängeln, die dann von Kalkklippen abgelöst werden. Durch eine kleine Schlucht geht es in ein natürliches Amphitheater; die Anlegestelle am Eingang zu Panhulugan I verbirgt sich in einer Ecke. Auf dem kleinen, von Bäumen geschützten Picknickplatz vor der Höhle kontrolliert ein Ranger Ihre Genehmigung und führt Sie anschließend durch die Höhle. Halten Sie sich immer dicht an Ihren Führer, da seine starke Kerosinlampe nun die einzige Lichtquelle darstellt und keine Wege durch die Höhle führen. Stalaktiten und Stalagmiten jeder Größe und jeden Alters zieren Gänge und Kammern, viele erinnern in ihrem Muster an Wasser, das in der Bewegung eingefroren ist. Im Schein der Lampe funkeln und glänzen die Gebilde strahlend weiß, golden und braun und tauchen die Kulisse in ein magisches Licht. Sogar hier finden sich Tiere: Halten Sie Ausschau nach Spinnen und riesigen Tausendfüßlern, die ihr ganzes Leben in dieser Dunkelheit verbringen.

Jenseits der Höhle kann man bei ausreichendem Wasserstand die Flussfahrt bis zur Felsbrücke fortsetzen. Führt der Cadacan jedoch nicht genügend Wasser, entfällt diese Möglichkeit. Da es keinen Fußweg von Panhulugan I zur Brücke gibt, kann man dorthin auch nicht gehen. Hinter der Brücke ist der Fluss ausnahmslos zu seicht für Boote, allerdings beginnt hier ein Fußweg, der zunächst direkt auf die Felsbrücke und dann durch dichten Wald zum Cabungaan-Wasserfall führt.

Oben: Ohne seinen Schwanz misst der Philippinenkoboldmaki nur 7 cm; damit gehört er zu den kleinsten Primaten der Welt. Sein Verbreitungsgebiet ist die Fauna-Großregion Mindanao.

Rechts: Höhlenspinnen gehören zu den wirbellosen Tieren, die perfekt an das Leben in der Dunkelheit der Höhle Panhulugan I angepasst sind.

Links: *Nur per Boot gelangt man zur Höhle Panhulugan I, die an einer breiten, von Kalksteinklippen eingerahmten Stelle des Flusses liegt.*

Unten: *Eindrucksvolle Stalaktiten- und Stalagmitenformationen in der Höhle Panhulugan I, der am besten zugänglichen Höhle von Sohoton.*

BALICASAG ISLAND MARINE RESERVE

Eine faszinierende Unterwasserwelt

Diese winzige Insel liegt südwestlich von Bohol, etwa 8 km von der Insel Panglao entfernt, auf der sich Bohols beliebtester Badeort, Alona Beach, befindet. Die flache Insel ist überzogen von Kokospalmen und Gestrüpp, doch umsäumt von einem blendend weißen Strand und liegt inmitten einer Unterwasserwelt, die zu den beeindruckendsten der gesamten Philippinen zählt. Ein schmales Korallenriff, das fast die gesamte Insel umgibt, endet in einer massiven Wand, die in die Tiefe hinunter abbricht und von Lebewesen nur so wimmelt. 1986 erklärte man diese Gewässer zu einem marinen Schutzgebiet, zu dem im Südwesten eine Schutzzone gehört, in der jegliches Fischen untersagt ist.

Einsame Insel en miniature

Balicasag, ein relativ gesichtsloses Stück Land, ist eine vollkommen flache, fast kreisrunde Insel mit einem Durchmesser von knapp 600 m und einer Fläche

Gegenüber oben: *Der herrlich Sandstrand von Balicasag.*

Gegenüber unten links: *Nahaufnahme der schönen, durchscheinenden* Dendronephthya-*Weichkoralle.*

Gegenüber unten rechts: *Ein Furcht erregender Anblick ist dieser ausgezeichnet getarnte Drachenkopf.*

Oben rechts: *Seesterne der Gattung* Fromia *sind kein seltener Anblick an den Korallenriffen von Balicasag.*

von etwa 30 ha. Trotz der Abgeschiedenheit von Panglao wohnen hier um die 60 Familien, die notgedrungen vom Fischfang leben. Zwar haben sich diese Menschen erst in den letzten 50 Jahren hier angesiedelt, aber die Insel war bereits um 1870 bewohnt, als man zu Bohols Schutz gegen muslimische Übergriffe aus Mindanao einen Wachturm erbaute. Die Insel ist bis zum heutigen Tage ein Marinestützpunkt und untersteht der philippinischen Küstenwache. Der kleine Leuchtturm der Insel stammt von 1907 und weist nach wie vor den Schiffen auf der Fahrt von und nach Cebu den Weg durch die Gewässer.

Das einzig Interessante auf dieser Insel – von dem kleinen Badeort, der von der Tourismusbehörde geleitet wird, einmal abgesehen – ist der unglaublich weiße Strand aus Korallensand, Milliarden kleinster weißer Bruchstücke des Riffs, das die Insel umgibt. In der Nähe des Resorts ist er besonders fein – der ideale Ausgangspunkt zum Schnorcheln!

Gewässerschutz rund um die Insel

Das Saumriff um Balicasag mit seinen Steilwänden und Abbrüchen ist schon lange für seine Artenvielfalt bekannt. Bereits in den 1970er-Jahren wurde das Gebiet zum potentiellen Meerespark erkoren, doch tat sich bis 1984 nur wenig, als Mitarbeiter des Meereslabors der Silliman University in Dumaguete (auf Negros) ihr Schutz- und Entwicklungsprogramm für das Meer ins Leben riefen. Dieses Programm sah vor, durch Sozialarbeit die einheimische

Lage: Etwa 8 km südwestlich von Duljo Point auf der Insel Panglao (Bohol), auf 9°31' nördlicher Breite und 123°41' östlicher Länge.

Klima: Trockenzeit von Januar bis Juni, Regenfälle während der übrigen Monate. Der Höhepunkt der Regenzeit dauert von August bis November, am trockensten sind April und Mai. Die Tagestemperaturen liegen bei 30–35 °C und sind im Mai am höchsten.

Beste Reisezeit: Hochsaison für Taucher von November bis Mai. Starke Nordostwinde können das Tauchen jedoch zwischen Dezember und Februar erschweren. Die windstillsten Monate sind April und Mai.

Anreise: Täglich Flüge von Manila nach Cebu mit anschließender Schnellfährenverbindung nach Tagbilaran, der Hauptstadt von Bohol. Tägliche Schnellfähren nach Tagbilaran verkehren auch von Cagayan de Oro und Camiguin Island (Mindanao) sowie von Dumaguete auf Negros. Von Tagbilaran mit Taxi oder Motorradrikscha nach Alona Beach und weiter mit dem Tauchboot.

Genehmigungen: Nicht erforderlich.

Ausrüstung: Badekleidung, Sonnencreme mit hohem Lichtschutzfaktor, Sonnenbrille, Kopfbedeckung, Kamera. Schnorchel- und Tauchausrüstung kann in Alona Beach oder beim Balicasag Island Dive Resort gemietet werden.

Einrichtungen: Ein Strandhotel auf Balicasag; viele Unterkünfte in Alona Beach auf der Insel Panglao. Viele Tauchanbieter in Alona Beach und Tauchbasis beim Balicasag Island Dive Resort.

Flora und Fauna: Sowohl für Taucher als auch für Schnorchler gibt es eine große Vielfalt mariner Lebensformen zu entdecken.

Aktivitäten: Schwimmen, Tauchen, Schnorcheln, Sonnenbaden.

Bevölkerung der drei Inseln – Balicasag, Pamilacan (im Süden von Bohol) und Apo (südlich von Negros) – anzuregen, ihre eigenen Schutzgebiete einzurichten und zu pflegen. Der Ansatz war erfolgreich und führte dazu, dass die Fischer von Balicasag Ende 1985 ihr eigenes marines Schutzgebiet schufen, das 1986 offiziellen Status erhielt.

Zum Schutzgebiet gehört das gesamte Gewässer im Umkreis von 500 m um die Insel, eine Gesamtfläche von 150 ha einschließlich der 8 ha großen Schutzzone für Fische vor der Südwestküste. Während in ersterem Bereich ausschließlich traditionelle Angelruten und Reusen erlaubt sind, ist in letzterem jegliches Fischen untersagt. So können sich Fische und Korallen ungestört vermehren und sich auf angrenzende Bereiche des Riffs ausdehnen.

Schutzgebiet und Schutzzone werden von den Inselbewohnern immer noch selbst bewacht. Tauchboote müssen für das Privileg bezahlen, hier zu tauchen, wobei sie nur an einer der wenigen fest installierten Bojen festmachen dürfen – Ankern ist nämlich verboten!

Unter Meerestieren

Das Riff beginnt unmittelbar im seichten Wasser und erstreckt sich bis auf eine Entfernung von 50–100 m vor der Küste und in eine Tiefe von 7–11 m. Hinter dem Kamm fällt das Riff entweder in steilen Hängen oder in einer Wand ab. Im Süden der Insel endet das Riff in einer völlig vertikalen Wand, die sich in einer Tiefe von etwa 8 m bis auf 35 m hinunter erstreckt, während auf der Nordseite der Meeresboden eher sanft abfällt.

Auf dem Riff leben die üblichen Steinkorallen wie Hirschhornkorallen, Tischkorallen, Hirnkorallen, Feuer- und Pilzkorallen, während Wände und Schrägen von bunten Seefächern, bäumchenförmigen Weichkorallen, Peitschenkorallen, Meeresnacktschnecken und Schwämmen bevölkert werden. Die Schräge auf der Nordseite ist berühmt für ihren dichten Bestand an Schwarzen Korallen mit den charakteristischen korallenen »Blattstrukturen« oder »Tentakeln«. Im sandigen Boden leben Hunderte von Röhrenaalen, die sich teilweise aus ihrer Behausung herauswagen und einen Wald aus »Stöcken« bilden, der sich mit der Strömung bewegt und sich bei der kleinsten Störung unverzüglich en masse in den Sand zurückzieht.

Die Welt der Fische ist überwältigend und umfasst das ganze Spektrum von winzigen Grundeln bis hin zu Haien. Man kann immer mit zahllosen Riff-Fischen rechnen, darunter Rotfeuerfische, bunte Lippfische, Halfterfische, kleine und große Barsche, Süßlippen und Kugelfische. Sargasso-Fische und sogar Drachenköpfe, die wegen ihrer perfekten Tarnung fast unsichtbar sind, trifft man häufig

an. Selbst Seeschlangen sind keine Seltenheit, und obwohl sie noch nie einen Taucher angegriffen haben, empfiehlt es sich doch, sie in Ruhe zu lassen.

Die tiefen Gewässer jenseits des Riffs locken große Schwärme von Raubfischen nach Balicasag. Häufig werden Schulen von Stachelmakrelen und Barrakudas gesichtet, wobei die Fische riesige »Wände« oder – wenn Hunderte von ihnen im Kreis schwimmen – gewaltige spiralförmige Säulen oder vertikale Röhren bilden. Taucher können in diese gigantischen »Röhren« hineinschwimmen und erleben, von einem ganzen Fischschwarm immer und immer wieder umkreist zu werden.

Gegenüber oben: *Tauchboote ankern vor Alona Beach.*

Gegenüber unten: *Tauchunterricht vor Balicasag.*

Oben: *Die meisten Besucher von Balicasag übernachten in Alona Beach, 45 Bootsminuten von der Insel entfernt.*

Unten links: *Eine Seeschlange vor Balicasag.*

Unten rechts: *Nesselnden Hydroiden sollte man unbedingt ausweichen, denn selbst leichte Berührungen mit nackter Haut können sehr schmerzhaft sein.*

Oben: *Die cremig-weiße* Xenia-*Weichkoralle, die an ihrer vielfach verzweigten Form mit den wehenden Polypen leicht zu erkennen ist, findet sich wohl an jedem philippinischen Riff.*

Rechts: *Oft ziehen Schwärme von Großaugen-Makrelen über die Taucher hinweg, und ihre silbernen Körper glitzern im Sonnenlicht.*

Unten: *Überall im Riff gibt es Schlupfwinkel für die unzähligen kleinen bunten Fische.*

Rajah Sikatuna National Park

Ein Kalksteinwald in der Nähe der Chocolate Hills

Dieser auf der Insel Bohol gelegene Nationalpark wurde nach einem einheimischen Stammesführer benannt, der 1565 seinen Pakt mit Miguel Lopez de Legaspi, dem Gründer der ersten ständigen spanischen Siedlung auf den Philippinen, mit Blut besiegelte. Der 1987 unter Schutz gestellte Park im Süden der Insel umfasst 9000 ha hügeliges Waldgelände auf Kalksteinboden und liegt ganz in der Nähe der weitaus besser bekannten Chocolate Hills, einer eigenartigen Landschaft, übersät von natürlich abgerundeten Hügeln, die eine von Bohols bekanntesten Besucherattraktionen sind.

Gegenüber oben: Blick von Bod Daku, dem höchsten Punkt des zugänglichen Parkbereichs, über die Felder jenseits der Parkgrenze.

Gegenüber unten links: Mit ihrem unangenehmen Geruch lockt die Stinkmorchel Fliegen an, die bei der Verbreitung der Pilzsporen helfen.

Gegenüber unten rechts: Die Rotangpalme ist eine langsam wachsende Kletterpalme, die in der Möbelherstellung weithin Verwendung findet. Hier eine junge Pflanze zu Beginn ihres Aufstiegs zum Blätterdach.

Oben rechts: Gut geschützte Wälder wie in Rajah Sikatuna sind wichtige Zufluchtsstätten für die vielen einzigartigen Schmetterlinge der Philippinen.

Ein einzigartiger Urwald

Ein Großteil von Bohol wurde bereits im 19. Jahrhundert abgeholzt. Der Wald im Rajah Sikatuna National Park – heute der letzte naturbelassene Regenwald der Insel – macht gerade einmal vier Prozent der Landfläche aus. Es wurde eine beachtliche Menge Arbeit investiert um sicherzustellen, dass der Naturschutz auch funktioniert, beispielsweise in Form von Plantagen und Wiederaufforstungsprogrammen entlang dem Waldrand. Auf der Fahrt zu den Chocolate Hills passiert man eine dieser Plantagen: Hier windet sich die Landstraße südlich von Bilar durch einen dichten Regenwald, der in den 1960er-Jahren gepflanzt wurde und heute bereits annähernd ausgereift erscheint.

Die Landschaft besteht aus unzähligen, überwiegend kleinen Kalksteinhügeln, die zwischen 200 und 800 m hoch und fast ausnahmslos von Dipterokarpazeenwald bestanden sind. Die Mehrzahl der Bäume ist für einen Tiefland-Regenwald relativ niedrig, was auf die Beschaffenheit des Bodens zurückzuführen ist: Kalksteinsubstrat bildet nur eine geringe Humusdecke und enthält kaum Wasser.

Die Gegend ist ein Eldorado für Koboldmakis und Philippinen-Gleitflieger; letztere kann man dabei beobachten, wie sie bei Sonnenuntergang von Baum zu Baum springen, erstere entdeckt man manchmal nachts an Baumstämmen. Außerdem leben hier Tangalungas

Lage: Im zentralen Süden von Bohol. Der Eingang liegt an der Westseite des Parks bei Bilar, 35 km nordöstlich von Tagbilaran, der Hauptstadt von Bohol.

Klima: Regenzeit von Juli bis Januar, größte Niederschlagsmengen im Oktober und November. Trockenzeit von Februar bis Juni. Temperaturen liegen bei 30 °C im Januar und bei 34 °C im Mai.

Beste Reisezeit: Einerseits ist die Trockenzeit empfehlenswerter, da bei nassem Wetter die Wege sehr rutschig sein können, andererseits ist der Wald während der Regenzeit viel frischer und grüner.

Anreise: Täglich Flüge von Manila nach Cebu, dann mit der Schnellfähre nach Tagbilaran. Von hier mietet man entweder einen Wagen oder nimmt den Bus Richtung Carmen und steigt in Bilar aus. Mit der Motorradriksha geht es weiter bis zum Park.

Genehmigungen: Werden bei Ankunft im Park ausgestellt.

Ausrüstung: Wenn Übernachtungen im Park geplant sind, Verpflegung, Trinkwasser, Taschenlampe, Kerzen, Campingkocher und Baumwolllaken mitbringen; gute Wanderschuhe, Fernglas, Kamera, Kopfbedeckung, Insektenschutzmittel, Badekleidung.

Einrichtungen: Viele Unterkünfte in Tagbilaran und in Alona Beach auf der Insel Panglao. Ein paar einfache Bungalows und ein Gemeinschaftsschlafraum im Park. Gut markierte Fußwege. Erfrischender Swimmingpool. Broschüren mit einer einfachen Karte des Parks erhältlich.

Flora und Fauna: Am Picknickplatz sieht man oft Javaneraffen und in der Abenddämmerung gelegentlich einen Philippinen-Gleitflieger. Viele Vogelarten.

Aktivitäten: Schwimmen, Tierbeobachtung (Javaneraffen und Vögel), Wandern.

Rechts: Die gefährdete Brandtaube ist in der Fauna-Großregion der Inseln Mindanao, Bohol, Samar und Leyte – auch Groß-Mindanao genannt – endemisch.

Ganz rechts: Auch der Philippinen-Gleitflieger ist eine endemische Tierart Groß-Mindanaos. In der Abenddämmerung sieht man ihn oft in der Nähe des Picknickplatzes von Rajah Sikatuna bei seinen Gleitflügen von Baum zu Baum.

Unten: An der Grenze zwischen geschützten Wäldern und Reisfeldern wurde dieser attraktive Swimmingpool angelegt, der von drei nahe gelegenen Quellen gespeist wird.

und Fleckenmusangs, Wildschweine, Bindenwarane, Javaneraffen und mehrere Arten von Flughunden. Die recht zahmen Javaneraffen tummeln sich gerne in der Nähe des Picknickplatzes.

Am bekanntesten jedoch ist Rajah Sikatuna für seine reiche Vogelwelt. Darunter finden sich immerhin 48 Philippinen-Endemiten – zwei davon kommen nur auf den Östlichen Visayas und vier Unterarten nur auf Bohol vor. Zwölf Arten sind mehr oder weniger vom Aussterben bedroht. Zu den häufig vorkommenden endemischen Arten zählen Philippinen-Schlangenweihe, Philippinenkauz, Philippinenfroschmaul und Kahlkopfatzel.

Streifzüge durch den Park

Rajah Sikatuna dürfte eines der am leichtesten zugänglichen Schutzgebiete des Landes sein. Das westliche Ende ist nicht weit von Bilar und der Hauptstraße zwischen Tagbilaran und den Chocolate Hills entfernt. Von dieser Strecke zweigt eine neue, befahrbare Piste direkt in den Park ab. In einer Lichtung am Eingang warten ein Picknickplatz, ein Nature Office, Volieren und einige sehr einfache Bungalows auf Gäste. Gut ausgebaute und befestigte Wanderwege von insgesamt 30 km Länge führen in den westlichen Teil des Gebiets. Besuchern bietet sich so ein umfassendes Bild vom Park, wobei der Rest des Waldes jedoch unzugänglich bleibt. Da die Wege ausgeschildert sind, erübrigt sich hier – anders als in den meisten anderen Schutzgebieten – ein Führer. Das Gelände ist ziemlich zerklüftet; einer der Wege führt hinauf zum Wachturm auf Bod Daku, dem mit 560 m höchsten Punkt der Region. Von hier aus eröffnet sich ein spektakulärer Blick über bewaldete Hügel und die Reisfelder um Bilar. Wer sich nach den Strapazen abkühlen möchte, kann den ganz am Rande des Parks gelegenen, sehr attraktiven Pool aufsuchen, der von drei natürlichen Quellen im nahe gelegenen Bergwald gespeist wird.

Das Picknickgelände eignet sich hervorragend zur Beobachtung von Tieren. Zum einen sind Vögel hier viel besser zu sehen als im Inneren des Waldes, zum anderen tummeln sich hier regelmäßig Javaneraffen, und bei Sonnenuntergang kann man in den lichten Baumkronen die Philippinen-Gleitflieger beobachten.

MOUNT MALINDANG NATIONAL PARK

Der Wald als Wassereinzugsgebiet

Dieser Berg, ein bedeutendes Wassereinzugsgebiet für das westliche Mindanao, versorgt etliche nahe gelegene Küstenstädte wie Dipolog, Oroquieta und Ozamis mit frischem Wasser und schützt sie vor Hochwasser. 1971 wurde das 53 260 ha große Gebiet zum Nationalpark erklärt. Als eine der ganz wenigen geschützten Gegenden in diesem Teil von Mindanao spielt es auch für die heimische Tierwelt eine große Rolle, weshalb es in das von der Europäischen Union finanzierte neue System von Schutzzonen NIPAP aufgenommen wurde.

Eine wenig bekannte Region

Der rechteckige Park, eher ein Gebirge als ein einzelner Berg, erstreckt sich von Norden nach Süden. Die östlichen, weitaus zugänglicheren Flanken des Massivs steigen dramatisch aus der Küstenebene an. Die vier Gipfel heißen North Peak, South Peak, Mount Ampiro und Mount Malindang. Letzterer ist mit 2404 m der höchste Berg, gefolgt vom North Peak mit 2237 m. Das Gebirge wird von insgesamt acht Flüssen durchquert; auf 2100 m Höhe, nicht weit vom North Peak entfernt, liegt der Lake Dinagat.

Vor seiner Ernennung zum Nationalpark wurde der Berg in großem Stil abgeholzt. Viele der zugänglichen Regionen sind deshalb mit Sekundärwald bewachsen, vom alten Baumbestand ist nicht sehr viel übrig. Weil zudem

Oben rechts: Eine Spinne lauert in ihrem Netz auf Beute.

im Norden des Parks zwei Dörfer errichtet wurden, mussten Waldgebiete Ackerland weichen. Die Mehrzahl der Bewohner sind Migranten aus dem ganzen Land, doch lebt hier auch eine alteingesessene ethnische Gruppe, die Subanon, die das gesamte Malindang-massiv als ihr Stammesterritorium betrachten.

Die Holzindustrie von einst wurde von Reis-, Gemüse- und Maisanbau abgelöst, daneben gibt es Plantagen für Kokosnüsse, Obst, Kaffee, Gummi und Manilahanf. In geringem Umfang wird allerdings nach wie vor illegal gerodet, und auch die Jagd sowie das Sammeln von Waldpflanzen wie Orchideen, Rotangpalmen und Heilpflanzen wird nach wie vor betrieben.

Flora und Fauna

Da über 30 000 ha des Parks dicht bewaldet sind, ist er für den Schutz der Tierwelt von großer Bedeutung. Während der Fuß des Berges außerhalb des Nationalparks schon vor langer Zeit in Ackerland und Kokosplantagen umgewandelt wurde, sind einige Regionen bis und über 1000 m erst in jüngerer Vergangenheit durch massiven Kahlschlag und Brandrodungsfeldbau geschädigt worden, was zu großen Grasflächen und isolierten Waldstücken führte. Zwischen 800 und 1500 m wächst der Dipterokarpazeenwald nach, doch vielerorts setzt der eigentliche Wald erst jenseits der 1500 m, also auf Höhe des Bergwaldes, ein. Ab 2000 m erstrecken sich Mooswälder bis hinauf zu den Gipfeln.

Map labels:
Nach Dipolog
Manila
MINDANAO
Malaysia
Mindanao
Mount Malindang National Park
Jimenez
Sinacaban
Tudela
Iligan Bay
Glarin
Nach Cagayan de Oro
Mt Malindang 2425m (7956ft)
Embargo
Ozamis
Sitangit
Bonifacio
Tangub
Disum
Balatacan
Tubod
Baroy
Panquil Bay
Aurora
Kapatogan
N

Lage: In der Provinz Misamis Occidental, Westmindanao. Die nächste Stadt ist Ozamis an der Küste der Iligan Bay.

Klima: Keine klar abgegrenzte Regen- und Trockenzeit. Am meisten Regen fällt zwischen Juli und Januar. Tagestemperaturen am Fuß des Berges 30–35 °C und in den Bergwäldern 10 °C niedriger.

Beste Reisezeit: Besuche sind ganzjährig möglich, jedoch muss immer mit Regen gerechnet werden. Etwas trockener ist es gewöhnlich zwischen Februar und Mai.

Anreise: Regelmäßige Flüge von Manila und Cebu nach Dipolog und Cagayan de Oro, mit Expressbusanbindung nach Ozamis. Zur Zeit der Drucklegung waren die Flüge von Manila nach Ozamis eingestellt. In Ozamis kann man Wagen für die Weiterfahrt nach Hoyahoy mieten und Führer für Streifzüge im Wald anheuern.

Genehmigungen: Derzeit nicht erforderlich, aber ein Besuch im Nationalparkbüro in Ozamis ist hilfreich bei der Suche nach einem Führer.

Ausrüstung: Wanderstiefel, Kamera, Kopfbedeckung, Fernglas, für Übernachtungen am Berg Campingausrüstung und Verpflegung mitnehmen.

Einrichtungen: Übernachtungsmöglichkeiten in Ozamis, Mietfahrzeuge für den Transport zum Berg und Pfade in den Wald oberhalb von Hoyahoy.

Flora und Fauna: Einige Waldvögel können zu sehen sein, aber es ist schwierig, in der dichten Vegetation etwas zu erspähen. Philippinen-Schlangenweihen sieht man oft über den Baumwipfeln kreisen.

Aktivitäten: Vogelbeobachtung, Fotografie, Wandern.

Oben: *Ein Pilz der Gattung Fomus, den man häufig an den Baumstämmen im dichten Wald sieht.*

Oben rechts: *Früchte der Betelpalme, einer im Bergwald weit verbreiteten Palmenart.*

Im Wald selbst findet sich eine außerordentlich vielfältige Fauna, zu der auch der stark gefährdete endemische Philippinenadler zählt. Weitere bedrohte Vögel, die auf Mount Malindang beobachtet wurden, sind der Feuerhornvogel, die Brandtaube und der Philippinenkakadu. Zu

den Säugetieren gehören Philippinenkoboldmaki, Philippinen-Gleitflieger, Philippinensambar und der überall vertretene Javaneraffe.

Bei floristischen Untersuchungen wurden bislang gleich 16 seltene Pflanzenarten identifiziert, unter ande-

Rechts: *Ein junger Philippinensambar; die Art ist zwar über das ganze Land verbreitet, aber nirgends häufig.*

Ganz rechts: *Die Tangalunga, eine andere am Mount Malindang heimische Tierart, kommt ebenfalls im ganzen Land vor.*

rem eine Begonien- und drei Orchideenarten, die nur in diesem Wald vorkommen.

Ein Besuch auf Mount Malindang

Am besten erreicht man den Park über Ozamis, eine Küstenstadt am südlichen Ausläufer des Gebirges. Von hier aus führt eine Straße über Tanbug in den südöstlichen Teil des Parks, nach Hoyahoy.

Dieses Dorf ist der Ausgangspunkt eines Pfades, der über steile Grasflächen zur weiten Schlucht des Flusses Labu und weiter hinauf, immer am Rand der Schlucht entlang, in dichten Bergwald führt. Der Wald lässt sich ausgezeichnet erkunden, allerdings verliert sich der Weg nach einer Weile. Es wurden keinerlei Pfade zu den Gipfeln hinauf angelegt, und bergab muss man dieselbe Strecke zurückgehen.

Unterhalb der Waldgrenze wird gerade an einem Aussichtspunkt gebaut, von dem aus man einen grandiosen Blick über Ozamis und das Blau der Bucht von Panguil hat. Die Leitung des Parks will hier eine Ranger-Station errichten, damit in Zukunft Genehmigungen ausgestellt und Gebühren von Besuchern erhoben werden können, die den Wald auf eigene Faust erkunden möchten.

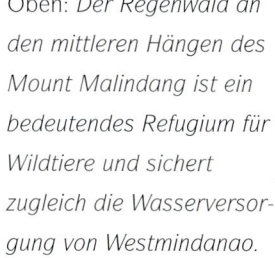

Oben: *Der Regenwald an den mittleren Hängen des Mount Malindang ist ein bedeutendes Refugium für Wildtiere und sichert zugleich die Wasserversorgung von Westmindanao.*

Links: *Die Kahlkopfatzel ist eine Starenart, die in den Wäldern der Philippinen endemisch ist.*

Links: *Fast unsichtbar stakt die Gottesanbeterin am Waldrand durch das Gras.*

MOUNT KITANGLAD RANGE NATURAL PARK

Heimat des Philippinenadlers

Diese gebirgige Region im zentralen Norden von Mindanao erstreckt sich über einen Großteil der Provinz Bukidnon und ist einer der bedeutendsten Waldparks der Philippinen. Sie gilt als »Festung« des bedrohten Philippinenadlers und verfügt über eines der vollständigsten Waldökosysteme des ganzen Landes. 1990 wurde das Gebiet, das auf 30 650 ha mehr als ein Dutzend hoher Gipfel vereint, zum Naturpark erklärt. Am höchsten ist mit 2938 m der Mount Dulang-Dulang, obendrein der zweithöchste Berg der Philippinen, gefolgt vom 2899 m hohen Mount Kitanglad. Der Park ist eines der landesweit zehn Gebiete mit höchster Schutzpriorität, die im Integrated Protected Areas System (IPAS) zusammengefasst sind.

Hochlandschaft, des so genannten Lanao-Bukidnon-Hochlandes, das sich weit über das Herzland von Mindanao ausdehnt. Der Naturpark und seine fast 15 000 ha große Pufferzone haben eine annähernd ovale Form und erstrecken sich in westöstlicher Richtung westlich von Malaybalay, der Hauptstadt der Provinz Bukidnon. Die höchsten Berge des Massivs – Dulang-Dulang, Kitanglad, Kaatuan und Maagnaw – drängen sich in der östlichen Hälfte des Parks. Besucher aus östlicher Richtung stoßen zunächst auf den Mount Apolang, der trotz seiner geringen Größe mit einem sehr dichten und intakten Regenwald aufwartet, was für eine keineswegs »störungsfreie« Gegend so nahe an der Pufferzone ungewöhnlich ist. Der Wald verdankt seinen guten Zustand der Tatsache, dass er der einheimischen Bevölkerung als heilig gilt.

Ein zerklüftetes Massiv

Das Kitangladmassiv bildet den höchstgelegenen und zugleich einen der wildesten Bereiche einer vulkanischen

Gegenüber oben: *Die Baumwipfel des Bergwaldes von Mount Kitanglad sind die Heimat des Philippinenadlers.*

Gegenüber unten links: *Eine Springkrautart im Wald.*

Gegenüber unten rechts: Aeschynanthus *blüht im Unterholz des Bergwaldes.*

Oben rechts: *Ananas werden in weitläufigen Plantagen unterhalb des Kintangladgebirges angebaut.*

Schutzmaßnahmen für Flora und Fauna

Man schätzt, dass über 25 000 ha des Parks alten Baumbestand tragen und weitere 11 500 ha – überwiegend in der Pufferzone – aus Wald mit offenem Blätterdach oder Unterholz bestehen. Der immergrüne Tieflandwald wurde durch Brandrodungen unrechtmäßiger Siedler stark in Mitleidenschaft gezogen. Im eigentlichen Park reicht der immergrüne Tieflandwald, der überwiegend von Dipterokarpazeen bestanden ist, bis auf 1400 m hinauf. Dort wird er vom Mooswald abgelöst, der sich fast bis zu den Gipfeln erstreckt.

In diesen Wäldern sowie im angrenzenden Ackerland wurden bei Untersuchungen in den Jahren 1992 und

Lage: In der Provinz Bukidnon, im Norden von Mindanao, westlich von der Provinzhauptstadt Malaybalay, 50 km Luftlinie südöstlich von Cagayan de Oro.

Klima: Es regnet fast das ganze Jahr über, mit kurzer Trockenperiode von Februar bis April. März ist der trockenste Monat, Juni der nasseste. In niedrigeren Höhen variieren die Temperaturen zwischen 25 °C im Januar und 30 °C im Juni. In Lalawan können sie nachts bis auf 12 °C fallen, in höheren Lagen kann es noch kälter werden.

Beste Reisezeit: In den trockeneren Perioden. Bei Regen werden die Wege sehr rutschig.

Anreise: Reguläre Flüge von Manila und Cebu nach Cagayan de Oro und weiter in zweistündiger Fahrt mit dem Expressbus nach Malaybalay. Von hier verkehren Jeepneys zu den Dörfern am Rand des Parks. Von Dalwangan, nördlich von Malaybalay, kann man nach Lalawan wandern (8 km).

Genehmigungen: Nicht erforderlich. Nehmen Sie auf jeden Fall einen Führer; das KIN-Büro in Malaybalay hilft bei der Vermittlung.

Ausrüstung: Wanderstiefel, wasserdichte Kleidung und Rucksäcke, Verpflegung, Campingausrüstung und -kocher, Kamera, Anti-Blutegel-Socken, Fernglas.

Einrichtungen: Viele Wanderwege. Führer und Übernachtungsmöglichkeiten in Malaybalay. PEFI unterhält eine einfache Unterkunft in Lalawan, die auch von Besuchern genutzt werden kann. Fragen Sie im Büro der Organisation in Malaybalay nach.

Flora und Fauna: Bei Lalawan sieht man gelegentlich Philippinenadler. Auch andere Raub- und Waldvögel kann man beobachten.

Aktivitäten: Vogelbeobachtung, Camping, Wandern.

Unten: *Überall im Wald weben Spinnen ihre Netze von Baum zu Baum – zum Ärger der Wanderer, die sich in ihnen verfangen.*

1993 insgesamt 134 Vogelarten identifiziert, einschließlich des Philippinenadlers und 16 von 17 endemischen Vogelarten Mindanaos. Darüber hinaus verzeichnete man 58 Säugetierarten, vor allem Nagetiere, von denen drei bislang gänzlich unbekannt waren und mindestens eines ausschließlich im Kitanglad-Naturpark vorkommt. Etliche der hier heimischen Arten wie Philippinensambar, Wildschwein, Nashornvogel und Spatelschwanzpapagei fielen im übrigen Land in großer Zahl der Lebensmittel- und Haustierindustrie zum Opfer, doch hier konnten sich anscheinend noch gesunde Populationen halten.

Die Untersuchungen erweisen klar, dass ein Großteil der Tierwelt nur in ganz bestimmten Höhenlagen des Gebirges vorkommt. Daraus folgt, dass zur Erhaltung der Artenvielfalt alle Zonen des Waldes geschützt werden müssen. Leider wächst der Druck der Bauern auf den

immergrünen Tieflandwald, der obendrein nach wie vor illegal abgeholzt wird. Jahr um Jahr schrumpft er, an einigen Stellen ist er sogar ganz verschwunden, und das Ackerland erstreckt sich bis hinauf an die Grenze des Bergwaldes. Eine bittere Konsequenz dieser Entwicklung ließ sich bereits in den Zählungen von 1992/93 feststellen: 20 der in den 1960er- und 1970er-Jahren identifizierten Vogelarten, die ausschließlich im Tieflandwald der Ebene vorkamen, konnten nicht mehr nachgewiesen werden.

Im Gegenzug unterstützen einige Privatorganisationen wie die Philippine Eagle Foundation, Inc. (PEFI) und Kitanglad Integrated NGOs (KIN) die Bewohner rund um den Park bei der Entwicklung umweltverträglicher Erwerbsmöglichkeiten, die ein Abholzen des Waldes überflüssig machen. Die Projekte umfassen den Anbau von

Kaffee und Manilahanf, aber auch die Errichtung von Kooperativen, um die Endprodukte zu verkaufen. Diese Programme stecken noch in den Anfängen, doch steht zu hoffen, dass sie letztlich zu einem besseren Schutz des Parks führen.

Wanderungen

Zu den Attraktionen des Parks zählen etliche Wanderwege, auf denen man – vor allem in geringeren Höhen – die Wälder erkunden und Vögel beobachten kann, während Kletterpfade auf die Gipfel von Kitanglad und Dulang-Dulang führen.

Am einfachsten erreicht man den Park über Malaybalay und die Hauptstraße, die in nördlicher Richtung nach Cagayan de Oro verläuft. Im Dorf Intavas, am nördlichen Rand des Parks, beginnt ein Pfad, der zum Gipfel des Kitanglad führt. Der Weg ist zwar steil, aber dank der Tatsache, dass auf dem Berg eine Sendestation steht, gut ausgebaut. So erreicht man in nur wenigen Stunden den Gipfel bzw. das Tal.

Weiter im Osten und näher an der Pufferzone liegt auf etwa 1200 m Höhe die winzige Siedlung Lalawan, die sich als Ausgangspunkt für eine Erkundung von Mount Apolang, aber auch für Touren zum Gipfel des Dulang-Dulang anbietet. Der Weg führt zunächst durch ausgedehntes Ackerland, dann über steilere Hänge in den Wald hinauf. Für Auf- und Abstieg sollte man mindestens eine Übernachtung einplanen. Die Gegend um Lalawan ist bei Vogelfreunden sehr beliebt, zumal die Vogelschutzorganisation PEFI hier eine schlichte Hütte unterhält. Manchmal gelingt es sogar, einen Blick auf das in der Nähe nistende Philippinenadlerpaar zu werfen.

Gegenüber oben: *Der mächtige, stark gefährdete Philippinenadler – der zweitgrößte Raubvogel der Erde – ist im Kintanglad-gebirge noch heimisch.*

Oben: *In der Nähe von Lalawan zeichnet sich die Silhouette eines großen Baumes gegen den Abendhimmel ab.*

SIARGAO ISLAND PROTECTED LANDSCAPES & SEASCAPES

Ein abwechslungsreicher Archipel

Dieses Schutzgebiet vor der nordöstlichen Spitze von Mindanao umfasst nicht nur die Insel Siargao selbst, sondern auch eine Gruppe kleiner und kleinster Inseln sowie einen Großteil der umliegenden Gewässer. Dank seiner Strände, Höhlen, Mangroven, Korallenriffe und seines Tiefland-Regenwaldes genießt Siargao beim philippinischen Naturschutz hohen Stellenwert und zählt im Rahmen des neuen von der Weltbank finanzierten IPAS-Programms zu den zehn Gebieten mit höchster Schutzpriorität.

Teile von Siargao standen zwar bereits 1981 unter Naturschutz, aber erst im Jahr 1996 erhielt die gesamte Gegend von 157 375 ha den Status »Protected Landscapes and Seascapes«. Diese Schutzkategorie umfasst Regionen, in denen die Menschen offenbar mit der Umwelt in Einklang le-

ben und verantwortungsvoll mit den Ressourcen umzugehen scheinen.

Die Inseln des Schutzgebietes

Die Landfläche macht mit 67 725 ha kaum die Hälfte des Parks aus, die restlichen knapp 90 000 ha umfassen die Riffe und Fischgründe der angrenzenden Gewässer. Die weitaus größte Landmasse stellt die Insel Siargao selbst dar, im Süden liegen die Inseln Bucas Grande, Bagum und Bancuyo. Zu den zahllosen kleinen Inselchen zählen Daco, Anahawan und Mangantuc, die fast ausnahmslos von mindestens einer Gruppe von Fischern bewohnt werden. Die wohl kleinste Insel dürfte Guyam sein, kaum mehr als eine Sandbank mit einigen wenigen Kokospalmen inmitten seichten Gewässers voller Korallenriffe und Seegraswiesen, vor der südöstlichen Spitze von Siargao gelegen.

Ganz anders dagegen sind Siargaos Ost- und Westküste. Erstere stemmt sich der Wucht des Pazifiks entgegen, Sandstrände und Felsküste wechseln sich ab, an geschützteren Stellen haben sich Korallenriffe gebildet. Jenseits der vorgelagerten Inselchen fällt der Meeresboden steil zum Philippinischen Graben ab, der 80 km

Karte: Dinagat Fjord, Sugbuhan Point, Santa Monica, Burgos, San Benito, San Isidro, Dahican Island, Halian Island, Mangancub Island, Casulian Island, Poneas Island, Laonan Island, Tona Island, Del Carmen, Parkbüro, Pilar, Siargao Island, Siargao Island Protected Landscapes & Seascapes, Cloud Nine, General Luna, Dapa, Lahayay Island, Bucas Point, San Miguel, Bancuyo Island, Daco Island, Bagum Island, Casulian Island, La Januza Island, Pamusaingan, Bucas Grande Island, Socorro, Suhoton-Höhle, Anahawan Island, Mam-on Island, Mangantoa Island, Hinituan Passage

Manila, Mindanao, Malaysia

Gegenüber oben: *Eine ruhige Bucht in der Nähe von Cloud Nine bietet den Fischerbooten Schutz vor der Brandung des Pazifiks, die sich weiter draußen am Riff bricht.*

Gegenüber unten: *Das Wasser um das Inselchen Guyam ist so seicht, dass der Motor nicht benutzt werden kann.*

Oben rechts: *Eine Fischerfamilie sammelt ihren Fang aus dem Netz, bevor es wieder ausgeworfen wird.*

Lage: Vor der Nordostspitze von Mindanao, etwa 50 km entfernt von Surigao, dem nächsten Hafenort auf dem Festland.

Klima: Der trockenste und heißeste Monat ist der Juni. Am meisten Regen fällt zwischen November und Januar. Die Temperaturen liegen bei 30–35 °C und die Luftfeuchtigkeit bei 80–90 %. Die Inseln werden praktisch nie von Taifunen heimgesucht.

Beste Reisezeit: Von April bis September ist das Wetter recht gut. Die beste Zeit für Surfer ist von Juli bis Oktober, weil die weiter nördlich vorbeiziehenden Taifune die Brandung aufpeitschen.

Anreise: Täglich Flüge von Manila nach Cebu, dann weiter mit der Schnellfähre nach Surigao auf Mindanao. Von dort verkehren täglich Schnellfähren nach Dapa, dem größten Ort auf Siargao. Aus anderen Teilen von Mindanao kommen viele Expressbusse via Butuan nach Surigao.

Genehmigungen: Nicht erforderlich.

Ausrüstung: Wanderschuhe, Badekleidung, Sonnencreme mit hohem Lichtschutzfaktor, Kopfbedeckung, Kamera, Fernglas, Tauch- und Surfausrüstung.

Einrichtungen: Fast alle Unterkünfte liegen in General Luna und Cloud Nine. Bei den Strandhotels von Cloud Nine, in General Luna, Del Carmen, Dapa und Socorro (Bucas Grande Island) werden Boote und Schnorchelausrüstungen vermietet.

Flora und Fauna: Korallenriffe im flachen Wasser, Vögel in den Mangroven, Bindenwarane in den Wäldern und Kokoshainen.

Aktivitäten: Bootsfahrten, Spaziergänge, Schnorcheln, Surfen.

nordöstlich von Siargao eine Tiefe von 10 000 m erreicht. Die Westküste, die im Schutz von Mindanao liegt, ist seicht und ruhig. Ausgedehnte Mangroven, vor allem bei Del Carmen, bilden mit einer Fläche von 8600 ha Mindanaos größten Mangrovenbestand.

Das Landesinnere ist eine Mischung aus Ebenen und sanften Hügeln, gebildet aus Korallenkalk, Vulkangestein und Schwemmland. Die höchste Erhebung misst gerade einmal 283 m. Landwirtschaftliche Nutzflächen und Buschland, aber auch einige Überreste von Tiefland-

Regenwäldern bedecken einen Großteil der Region. Die größten noch existierenden Wälder stehen auf Bucas Grande, wo sich die Suhoton-Höhle mit ihrem unterirdischen Fluss allmählich zu einer touristischen Attraktion mausert.

Etwa 82 000 Menschen leben im Schutzgebiet, überwiegend in Dapa (der größten Siedlung), Del Carmen, General Luna, Pilar, San Isidro, Burgos und Santa Monica auf der Insel Siargao. Ackerbau und Fischfang sind die Haupteinnahmequellen.

Flora und Fauna

Alte Waldbestände erstrecken sich über 4400 ha, neu angepflanzte Wälder über weitere 12 600 ha. In beiden wachsen Dipterokarpazeen, während die Wälder auf Bucas Grande reich an Eisenholzbäumen sind, deren Holz sehr wertvoll und demzufolge heute auf den übrigen Philippineninseln sehr selten ist.

Zur Tierwelt von Siargao gehört das Leistenkrokodil, das in den weiten Mangroven westlich von Del Carmen lebt. Seekühe und mehrere Arten von Meeresschildkröten suchen die eher ungeschützten Ostküsten auf, wobei letztere zur Eiablage auf die abgelegenen Strände kommen und erstere die Seegraswiesen abweiden. Auf dem

Land leben der Philippinenkoboldmaki, die Tangalunga, der Bindenwaran und mindestens 84 Vogelarten, darunter auch der bedrohte Philippinenkakadu.

Streifzug über die Inseln

Ausländische Gäste kommen seit den frühen 1990er-Jahren nach Siargao – aber keineswegs der Landschaft oder des Naturschutzes wegen. Hier gibt es ein neu entdecktes Paradies für Surfer: Die Brandung des Pazifiks, der auf die Ostküsten der Inseln aufprallt, führt zu gigantischen Wellen und schafft somit Bedingungen zum Surfen, die in ganz Südostasien ihresgleichen suchen.

Die legendärste aller Brandungen, die Surfer entlang der gesamten Ostküste Siargaos ausgemacht haben, kann man nahe der Stadt General Luna an der Südostspitze entdecken. Sie wird »Cloud Nine« genannt, was so viel wie Siebter Himmel bedeutet. Diese Bezeichnung übt solche Faszination aus, dass sogar die Einheimischen den ursprünglichen Namen nicht mehr verwenden. Von jedem Ausländer, der auch nur in der Nähe von Siargao gesichtet wird, nimmt man an, er müsse auf dem Weg zur Cloud Nine sein.

Doch auch für diejenigen, die sich eher für Landschaften interessieren, gibt es viel zu erkunden, manches davon per Boot. Einige der besten Strände liegen auf den kleineren Inseln wie Guyam (empfehlenswert auch zum Schnorcheln) und Daco, obwohl es auch bei General Luna im Südosten und Burgos im Norden prächtige Strände zu entdecken gibt.

Das an der Ostküste gelegene Pilar wartet mit der grandiosen Magpopongko-Felsformation auf. Die Suhoton-Höhle auf Bucas Grande ist teilweise zugänglich, und ganz in ihrer Nähe liegen die Magkahuyog-Wasserfälle. Man kann sich in Del Carmen auch ein Boot mieten, um die Mangroven zu durchfahren, und nahezu überall auf der Insel Siargao kann man Motorräder leihen, um mit einem Führer eine Tour durch das Landesinnere zu machen.

Leider gibt es auf Siargao keine Tauchbasis, Schnorchelzubehör kann man allerdings mieten. Zum Schnorcheln eignen sich besonders die Gewässer um Guyam und Daco, die per Boot zu erreichen sind.

Oben: Im flachen Wasser rund um die kleine Insel Guyam bilden verschiedene Stein- und Weichkorallen ein gesundes Riff.

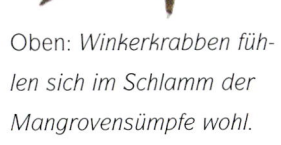

Oben: Winkerkrabben fühlen sich im Schlamm der Mangrovensümpfe wohl.

Agusan Marsh Wildlife Sanctuary

Eine schwimmende Welt

Agusan Marsh, ein riesiger Süßwassersumpf, der etwa 15 % des gesamten Süßwasserbestandes der Philippinen beinhalten dürfte, liegt im östlichen Tiefland von Mindanao. Der Sumpf ist umgeben von Bergen und wird vom Fluss Agusan auf dessen Reise gen Norden bewässert. Bis in die frühen 1990er-Jahre von Wissenschaftlern und Naturschützern gleichermaßen ignoriert, hat man inzwischen festgestellt, dass hier ein enormes Spektrum an Pflanzen und Tieren angesiedelt ist, darunter so manche einzigartige und bedrohte Art. Aus diesem Grunde wurde der Sumpf in das IPAS-System der zehn Gebiete mit höchster Schutzpriorität aufgenommen.

Ein riesiger Schwamm

Der Sumpf liegt am Zusammenfluss mehrerer Nebenflüsse des Agusan, die im Süden Wasser aus den Bergen von Davao und Agusan del Sur, im Westen aus dem Bukidnongebirge und im Osten und Norden aus dem Gebirge des Surigao del Sur mit sich führen. Der Sumpf hat die Funktion eines riesigen Schwammes, der das überschüssige Gebirgswasser aufsaugt. Vor allem zur Regenzeit schafft er so einen ausgedehnten Feuchtgebietslebensraum und bewahrt die flussabwärts gelegenen Städte – vor allem

Gegenüber: *Im einzigartigen Sumpfwald von Agusan sind die Wasserflächen oft mit lila Wasserhyazinthen bedeckt.*

Oben rechts: *Die Häuser der Manobo sind auf Flößen gebaut und an Bäumen festgemacht oder im Grund des Sumpfes verankert.*

Butuan – vor verheerenden Fluten. In der Hauptregenzeit von Oktober bis März steigt der Wasserstand um enorme vier Meter.

Der Sumpf, einer der größten Süßwassersümpfe der Philippinen, erstreckt sich über 72 000 ha; allerdings gehören nur 19 200 ha zum eigentlichen Reservat, und weitere 4360 ha bilden eine Pufferzone. Das Gebiet besteht aus einem beeindruckenden Irrgarten sich gegenseitig speisender Flüsse, Kanäle und Seen. Einige Uferböschungen und Inseln ragen immer, manche nur in der Trockenzeit aus dem Wasser hervor.

Trotz seines unvollständigen Schutzes umfasst das Reservat von Agusan Marsh auf 9300 ha einen einzigartigen Sumpfwald, der überwiegend aus Terminalia-Bäumen und Sagopalmen besteht – Arten, die keinen festen Untergrund brauchen, sondern geradewegs aus dem Sumpf herauswachsen und zudem den enorm unterschiedlichen Wasserständen zu trotzen vermögen. Darüber hinaus gibt es weiträumige Flächen mit Gestrüpp und krautigen Sumpfpflanzen sowie Seen, deren größte Dinagat, Casawangan, Tinogkoan, Mihaba, Dagon und Ticgon sind.

Tierleben im Sumpf

Bis man in den späten 1980er-Jahren darauf hinwies, dass es auf den Philippinen keinen einzigen Süßwassersumpf gab, der unter Naturschutz stand, kümmerte sich kaum jemand um Agusan Marsh. Als jedoch Satellitenaufnahmen einen Sumpfwald ahnen ließen, beschloss man,

Lage: In der Provinz Agusan del Sur, nordwestlich der Stadt Bunawan, 150 km nördlich von Davao und 110 km südlich von Butuan.

Klima: Ganzjährig regnet es viel, am meisten von Oktober bis März. Die jährliche Niederschlagsmenge beträgt 45 cm. Die Tagestemperaturen liegen bei 30–34 °C, die Luftfeuchtigkeit bei 86 %.

Beste Reisezeit: Am wenigsten regnet es im Juli und August, doch dann können einige Seen aufgrund des niedrigen Wasserspiegels für Boote unerreichbar sein. Auf dem Höhepunkt der Regenzeit erlaubt der hohe Wasserstand einzigartige Blicke über die Sumpflandschaft und den Zugang zu allen Bereichen des Parks.

Anreise: Täglich Flüge von Manila nach Davao, dann mit dem Expressbus in Richtung Butuan bis nach Bunawan. Mit der Motorradrikscha bis zum Parkbüro und weiter mit dem Mietboot.

Genehmigungen: Nicht erforderlich; man sollte sich aber der Führung durch die Park-Ranger anvertrauen.

Ausrüstung: Regendichte Kleidung und Taschen, Kamera, Kopfbedeckung, Insektenschutz, Malariaprophylaxe; Proviant und Trinkwasser, falls Übernachtungen im Park geplant sind.

Einrichtungen: Mietboote stehen in Bunawan und beim Parkbüro bereit. Übernachtungen können in der Nähe des Parkbüros arrangiert werden.

Flora und Fauna: Vom Boot aus kann man besonders Purpurreiher und andere Reiherarten beobachten, daneben Papageien, Eisvögel und einige Raubvögel wie die Philippinen-Schlangenweihe.

Aktivitäten: Bootsfahrten, Vogelbeobachtung, Fotografieren.

Rechts: *Im Sumpfwald wachsen die Bäume direkt aus dem Schlammboden; sie benötigen keinen trockenen Untergrund und werden auch durch Veränderungen des Wasserspiegels nicht beeinträchtigt.*

Oben: *Purpurreiher kommen in der Sumpflandschaft von Agusan häufig vor.*

Oben rechts: *Das Purpurhuhn ist in der Sumpfvegetation heimisch.*

ernsthafte Untersuchungen einzuleiten. So stieß man auf ein riesiges Paradies für Tiere, das umgehend in das IPAS-System aufgenommen wurde.

Eine Untersuchung im Jahr 1991 erfasste 31 Pflanzen- und 231 Tierarten. Zur Fauna zählen allein 102 Vogelarten einschließlich des Purpurreihers und des Schlangenhalsvogels sowie 43 Reptilienarten, darunter viele Echte Krokodile – beispielsweise Leistenkrokodile –, die auf den Philippinen akut vom Aussterben bedroht sind.

Diese Zahlen beruhen auf einer einzigen Kurzzeitstudie, die nicht einmal in die abgelegenen nordwestlichen Regionen des Sumpfes vordrang. Da bislang noch keinerlei Untersuchungen philippinischer Sümpfen durchgeführt wurden, dürften hier zahlreiche neue Pflanzen- und vielleicht auch Tierarten ihrer Entdeckung harren.

Die Menschen im Sumpf

Ungeachtet seiner Abgeschiedenheit leben immerhin etwa 2600 Menschen im Sumpf, überwiegend kulturelle Minderheiten wie die im Osten Mindanaos weit verbreiteten Manobo, die traditionellen Glaubensvorstellungen anhängen, sowie Siedler aus anderen Landesteilen. Sie woh-

Links: *Kuhreiher im Tiefflug über dem Pflanzenteppich der Wasserflächen.*

Oben: *Fisch ist die Hauptnahrung der Bevölkerung im Sumpfgebiet; auf Stegen wird er aufgeschnitten zum Trocknen ausgelegt.*

Unten: *Eine Manobo-Familie in ihrem schwimmenden Haus.*

nen in schwimmenden Holzhütten, deren Bodenplatten auf riesigen Stämmen befestigt sind. Ganze Dorfgemeinschaften haben ihre Häuser an einer Stelle vertäut und sind gleichzeitig jederzeit beweglich. Während der Trockenzeit schwimmen die Häuser entweder auf den Seen oder sie stehen auf trockenem Land auf einer Uferböschung oder Insel. Die Menschen leben vom Fischfang und bauen in bescheidenem Umfang an Ufern und auf Inseln Feldfrüchte wie Mais, Bananen oder Reis an.

weiter Fluss, der alles, was nicht sicher vertäut ist, nordwärts – auf das Meer zu – mit sich führt.

Die Dörfer der Manobo sind überraschende Ansammlungen schlichter Hausboote, die auf dem Sumpf treiben. Sie liegen in den geschützten Bereichen der Seen oder in schmalen Buchten. Die Manobo sind recht zurückhaltende Menschen, aber wenn Ihr Führer ein Einheimischer ist, können Sie darauf vertrauen, in jedem der Dörfer willkommen zu sein!

Streifzüge durch den Sumpf

Am leichtesten erreicht man den Sumpf über die Stadt Bunawan, auf der Hauptstraße zwischen Davao und Butuan. Steuern Sie das Parkbüro einige Kilometer nordwestlich von Bunawan an. Die touristische Infrastruktur ist noch recht mager, aber es ist geplant, hier Unterkünfte zu errichten. Die Ranger können ihnen Tipps zum Besuch des Sumpfes geben und beim Anmieten von Booten und Führern behilflich sein.

Selbst von hier aus dauert es noch etwa drei Stunden, bis man den Sumpf per Boot erreicht hat. Die Uferböschungen, die am Anfang der Strecke noch zu sehen sind, werden von weiten Wasserflächen abgelöst, aus denen sich hier und da Sumpfwälder erheben oder auf denen die violetten Blütenteppiche der Wasserhyazinthen treiben. Sobald der Bootsmotor ausgeschaltet ist, wird man gewahr, dass sich schlichtweg die gesamte Umgebung bewegt. Der Sumpf ist kein still stehender See, sondern ein

MOUNT APO NATURAL PARK

Der höchste Gipfel der Philippinen

Der Mount Apo, mit 2954 m der höchste Berg der Philippinen, ist seit 1936 Nationalpark. Der inaktive Vulkan liegt westlich von Davao und umfasst ein Gebiet von 72 110 ha, zu dem nicht nur die dichten Regenwälder des Mount Apo selbst, sondern auch die des benachbarten Mount Talomo gehören. Für die Tierwelt – einschließlich des Philippinenadlers – ist der Park von unschätzbarer Bedeutung, weshalb er auch zu den zehn Gebieten mit höchster Schutzpriorität des Landes zählt. Mehrere Wege führen zum Gipfel hinauf; der Aufstieg entwickelt sich derzeit zu einer der beliebtesten Wanderungen im ganzen Land.

Berglandschaft

Der Berg erhebt sich auf dem Westufer des Golfes von Davao, wobei seine Nord- und Südhänge relativ sanft, die West- und Ostseite jedoch ausgesprochen steil ansteigen. Etliche heiße Quellen erinnern daran, dass der Vulkan keineswegs erloschen ist. Das Wasser im kleinen Lake Agco, der in einer Höhe von etwa 1200 m inmitten von dichten Wäldern auf der nordwestlichen Seite des Berges liegt

Gegenüber: *Den gewaltigen Almaciga-Baum – die größte Baumart der philippinischen Wälder – kann man an den mittleren Hängen des Mount Apo bewundern.*

Oben rechts: *Dieses Springkraut wächst in den Wäldern an den Flanken des Mount Apo.*

und leicht zu erreichen ist, ist fast auf dem Siedepunkt und gibt ständig dicke Dampfwolken ab. In seiner Nähe macht sich ein neues, großes Geothermikkraftwerk diese Energie zunutze. Die Anlage wurde gegen einigen Widerstand hier im Wald erbaut.

Auf 2400 m Höhe gelangt man zu einem Plateau mit dem Lake Venado, den Überresten von Apos uraltem Krater, eingebettet zwischen den Gipfel von Mount Apo im Südosten und Mount Talomo im Nordosten. Obwohl Apo seit 1640 nicht mehr ausgebrochen ist, wird unterhalb seines Gipfels durchaus noch fumarolische Aktivität registriert, die an den steilen Osthängen Schwefel- und Wasserdampf austreten lässt.

Tierleben im Bergmassiv

Die obersten 500 m von Mount Apo sind zwar raues, felsiges Grasland, doch unterhalb von Lake Venado ist der Berg mit Regenwald bewachsen. Bis hinunter auf 1500 m besteht er aus Mooswald, in dem dicht gedrängt knorrige Bäume wachsen, deren Blätterdach nur etwa 5–10 m hoch ist, wobei alles dick mit Moos, Farnen, Orchideen und anderen Epiphyten überwuchert ist. Zwischen 1500 und 1000 m folgt der Bergwald mit höheren Bäumen, aus dessen etwa 20 m hohem Blätterdach bisweilen einzelne, sehr viel höhere Bäume herausragen. Unterhalb einer Höhe von 1000 m wächst Tiefland-Regenwald, der überwiegend aus Dipterokarpazeen, den Riesen des tropischen Regenwaldes, besteht. Leider hat der Tieflandwald

Lage: Unmittelbar westlich von Davao, zwischen der Provinz North Cotabato im Westen und Davao City im Osten.

Klima: Regenfälle gleichmäßig über das Jahr verteilt, nur April und Mai sind trockener. Die Tagestemperaturen liegen in Davao bei 30–35 °C, am Lake Agco bei 15–20 °C, um den Lake Venado sowie auf dem Gipfel bei 10 °C.

Beste Reisezeit: Bergbesteigungen ganzjährig möglich; beste Chancen für trockenes Wetter und Sonnenschein im April und Mai.

Anreise: Täglich Flüge von Manila und Cebu sowie Expressbusse von Nordmindanao nach Davao. Weiter mit dem Expressbus (2 Std.) nach Kidapawan, dann mit dem Jeepney nach Lake Agco.

Genehmigungen: Für Aufstiege vom Lake Agco aus sind Genehmigungen beim Tourismusbüro in Kidapawan erhältlich.

Ausrüstung: Komplette Campingausrüstung; Wanderstiefel, Verpflegung, warme und regendichte Kleidung, regendichter Rucksack, Anti-Blutegel-Socken, Fernglas, Kamera.

Einrichtungen: Unterkünfte in Davao und Kidapawan. Kleines Hotel und Campingplatz am Lake Agco. Philippine Eagle Nature Center in Malagos, unweit von Davao. Führer und Träger stehen am Lake Agco zur Verfügung.

Flora und Fauna: Um den Lake Venado kann man Papageien sehen. Beim Philippine Eagle Nature Center werden Philippinenadler und andere Raubvögel, Nashornvögel und einige Säugetiere gehalten. Im Garten des Zentrums sieht man frei lebende Vögel wie den endemischen Silberfischer.

Aktivitäten: Besuche des Naturzentrums, Streifzüge rund um den Lake Agco, Vogelbeobachtung, Wandern.

sehr unter der ständig wachsenden Zahl zugewanderter Bauern zu leiden.

Die höheren Regionen des Waldes sind nach wie vor in erstklassigem Zustand. Im Bergwald finden sich Bestände von Almaciga-Bäumen, der größten auf den Philippinen endemischen Baumart, die unter guten Bedingungen bis zu 60 m hoch werden kann. Obwohl ihre Anzahl auf Mount Apo leicht dezimiert ist, kann man immer noch von einem ausgedehnten, gesunden Bestand sprechen.

Bei den Tieren hat man 227 Wirbeltierarten gezählt. Zu den Säugetieren gehören Philippinensambar, Pustelschwein, Javaneraffe, Philippinen-Gleitflieger und zwei Schleichkatzenarten. Aber auch kleine Säugetiere wie Philippinentupaias, Flughunde und Gleithörnchen findet man hier.

Von den auf Apo vertretenen Vögeln sind 61 Arten auf den Philippinen endemisch, 14 davon kommen ausschließlich auf Mindanao vor. Ihr berühmtester Vertreter ist der Philippinenadler, der im und um den Park nistet. Mit seiner Körpergröße von einem Meter und einer Flügelspanne von etwa zwei Metern ist er der zweitgrößte Raubvogel der Erde. Nur in puncto Gewicht steht er der südamerika-

nischen Harpyie nach. Das rasante Schrumpfen seines Lebensraumes bedroht diesen Waldvogel akut. Heute lebt er nur noch in abgelegenen Regionen von Mindanao und Samar sowie im Norden von Luzon. Trotz zahlreicher Untersuchungen weiß man kaum etwas über ihn, nicht einmal seine genaue Populationsgröße – Schätzungen gehen von 200 bis 2000 Exemplaren aus.

Naturschutz

In der Gegend um Mount Apo hat sich die Philippine Eagle Foundation, Inc. (PEFI) sehr um die Zukunft dieses herrlichen Vogels verdient gemacht. Mit einigem Erfolg werden die Bewohner parknaher Gebiete im Rahmen von Gemeindearbeit darin unterstützt, ihren Lebensunterhalt auf umweltverträgliche Weise zu erwirtschaften, und unter den Dorfbewohnern, die in der Nähe von Adlernistplätzen leben, wurden Bewacher für die Tiere rekrutiert. Weniger erfolgreich war ein Zuchtprogramm in Malagos, östlich von Mount Apo: Nur wenige Küken wurden ausgebrütet. Dennoch spielt das Philippine Eagle Nature Center eine bedeutende Rolle, weil man die Vögel hier aus nächster Nähe kennen lernen kann.

Bergtouren zum Mount Apo

Der beliebteste der verschiedenen Wanderwege ist derjenige, der im Westen beim Lake Agco beginnt. Für diese

Wanderung benötigen Sie eine Genehmigung der Touristenbehörde in Kidapawan. Nehmen Sie dann einen Jeepney zum Lake Agco, in dessen Nähe mitten im Wald ein Campingplatz und eine kleine Lodge liegen. Hier können Sie die erste Nacht verbringen, während Träger und Führer organisiert werden.

Von hier aus geht es zunächst durch das Tor des Geothermikkraftwerks, danach gleich weg von der Straße und auf einen Wanderweg. Bald erreichen Sie einen Grat, hinter dem der Weg durch den Wald zum Marbel River steil abfällt. Folgen Sie dem Wasserlauf flussaufwärts, wobei Sie in dem enger und steiler werdenden Tal den Fluss öfter durchwaten müssen. Schließlich gelangen Sie zu einem Plateau mit einer heißen Quelle. Eine sehr steile Passage führt durch dichte Wälder bis hinauf zum Lake Venado. Die Nacht verbringen Sie am Ufer des Sees.

Am Morgen sollten Sie so früh zum Gipfel aufbrechen, dass die zweistündige Tour schon vor Sonnenaufgang geschafft ist oder zumindest, ehe sich bei höher stehender Sonne die Wolken am Berg zuziehen. Die Aussicht vom Gipfel ist überwältigend – gen Norden über Lake Venado und die Mooswälder in Richtung Mount Talomo, gen Westen zum Geothermikkraftwerk und Lake Agco. Höher hinaus kommt man auf den Philippinen nicht!

Oben: *Der Gipfel des Mount Apo – man sollte hier unbedingt in den frühen Morgenstunden ankommen, da später oft Wolken aufziehen und es zu regnen beginnt.*

Unten: *Überqueren des Marbel River.*

Ganz oben: *Die Temperaturen des Lake Agco liegen knapp unter dem Siedepunkt.*

Oben: *Nach dem Aufstieg zum Mount Apo ist nichts so entspannend wie ein Bad in den heißen Quellbädern.*

Rechts: *Blick vom Gipfel des Mount Apo über Wälder auf den Lake Venado und den Mount Talomo.*

PALAWAN

Palawan liegt westlich des übrigen philippinischen Archipels und besteht aus einer Hauptinsel von 425 km Länge und maximal 40 km Breite sowie schätzungsweise 1768 kleineren Inseln. Die Inselgruppe verläuft von Nordosten nach Südwesten, von den Calamian-Inseln im Norden bis zur Insel Balabac im Süden.

Palawan gilt als wildeste Region der Philippinen. Seine Inseln sind relativ dünn besiedelt und naturbelassen, noch sind zwei Drittel der Landfläche mit Wäldern bedeckt, und vor den Küsten erstrecken sich Korallenriffe. 1990 erklärte die UNESCO die gesamte Provinz zum Biosphärenreservat und ebnete damit den Weg für ein umfassendes Naturschutzprogramm.

Die Wallace-Linie, welche die pazifische und australasiatische Flora und Fauna im Osten von der asiatischen im Westen trennt, verläuft zwischen Palawan und den übrigen Philippinen. Daher unterscheidet sich die hiesige Tier- und Pflanzenwelt von der anderer philippinischer Großregionen; sie ähnelt vielmehr derjenigen von Borneo und des südostasiatischen Festlands. In Palawan sind Tierarten wie Zwergotter, Bärenmarder und Kantschil heimisch, die nirgendwo sonst auf den Philippinen vorkommen, dafür aber in Südostasien weit verbreitet sind. Außerdem gibt es einige endemische Tiere, darunter 15 Vogelarten, von denen die berühmtesten wohl der Napoleonfasan und der Palawanhornvogel sind.

Die meisten Besucher kommen nach Palawan, um die Naturschönheiten der Region zu erleben. Das Reisen ist hier nicht einfach und nimmt viel Zeit in Anspruch, aber als Lohn winken einige der schönsten naturbelassenen Ökosysteme der Philippinen, von der fabelhaften Unterwasserwelt des Tubbataha Reef über den einzigartigen unterirdischen Fluss von St Paul's bis hin zu den eindrucksvollen Karstklippen von El Nido und Coron Island. An Kuriosität ist Calauit Island wohl kaum zu überbieten, wo Herden afrikanischer Säugetiere in einer philippinischen Landschaft frei umherstreifen.

TUBBATAHA REEF NATIONAL MARINE PARK

Das Herz der Sulu-See

Dieses Riff im Herzen der Sulu-See, etwa 160 km südöstlich von Puerto Princesa, der Hauptstadt von Palawan, gehört zu den abgelegensten Orten der Philippinen. Mit seiner Fläche von 33 200 ha ist es außerdem das größte Korallenriff des Landes. Es besteht aus zwei Atollen, die sich aus sehr tiefen Gewässern erheben und zwei flache Lagunen mit etlichen kleinen Inseln bilden. Die Unterwasserwelt sucht in ganz Südostasien ihresgleichen. Ihr Spektrum reicht von den winzigsten Korallen bis hin zu den größten Haien und sogar Walen. Um dieses herrliche Gebiet zu schützen, wurde das Riff 1988 zum Meeresnationalpark und 1993 zur World Heritage Site erklärt.

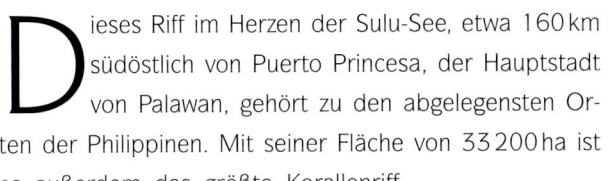

Tubbataha Reef
National Marine Park

Gegenüber ganz links oben: Ein Halfterfisch schwimmt zwischen bäumchenförmigen Weichkorallen.

Gegenüber ganz links Mitte: Eine Echte Karettschildkröte überquert eine Gruppe von Steinkorallen.

Gegenüber ganz links unten: Ein Arrangement verschiedener Steinkorallen an der Nordseite des nördlichen Atolls.

Gegenüber: Große Seefächer wie dieser entwickeln sich bevorzugt an steilen Riffwänden mit starken Strömungen.

Oben rechts: Ein Brauntölpel mit Jungem auf Bird Islet.

Seite 144: Bei Langen Island zeichnen sich Kalksteinfelsen als Silhouette vor dem Abendhimmel ab.

Seite 145: Der Leoparden-Drückerfisch ist aufgrund seiner auffälligen weißen Punkte leicht zu erkennen.

Ein komplexes Riffsystem

Die beiden Atolle liegen auf einer von Südwesten nach Nordosten verlaufenden Achse. Das 16 km lange und 4,5 km breite Nordatoll ist das größere von beiden; vom kleineren Südatoll ist es durch einen 8 km breiten Kanal getrennt. Die Atolle haben fast keine Landflächen. Es sind im Wesentlichen zwei große, flache Lagunen, deren Saumriffe bei Ebbe teilweise freiliegen. An den Kanten der flachen Riffbereiche enden die Atolle abrupt, und die Unterwasserlandschaft fällt steil in die Tiefe ab.

Der größte Flecken Land ist Bird Islet am Nordende des nördlichen Atolls. Die kleine sandige Insel, die kaum zwei Meter aus dem Meer herausragt, ist ein wichtiger Nist- und Ruheplatz für Meeresvögel wie Brauntölpel und Noddis. Auf einer anderen kleinen Insel am Südende des südlichen Atolls steht ein Leuchtturm; hier leben Seeschwalben, Möwen und Tölpel.

Jedes Atoll ist von einem 200–500 m breiten Riff umgeben, das in einer Steilwand endet. Überall wimmelt es nur so von marinen Lebensformen: Die flacheren Areale sind reich an Tisch- und Hirschhornkorallen, an der Riffkante stehen verschiedenste Stein- und Weichkorallen, und an der jäh abfallenden Wand sind Seefächer, bäumchenförmige Weichkorallen sowie Becherkorallen der Gattung *Tubastraea* heimisch. Die annähernd 400 Fischarten umfassen das gesamte Spektrum der Unterwasserwelt – vom kleinsten Riff-Fisch über Falterfische, Halfterfische, Schnepfenfische, Drückerfische, Zackenbarsche, Lippfische, Süßlippen und Fledermausfische bis hin zu Schwärmen von Tiefseefischen wie Makrelen, Barrakudas, Füsilieren und Stachelmakrelen. Auch Weißspitzen- und

Lage: In der Sulu-See, 160 km südöstlich von Puerto Princesa; das Nordatoll liegt auf 8°50' nördlicher Breite, 120° östlicher Länge.

Klima: Das Riff ist sowohl dem Südwestmonsum (Juni bis Oktober) als auch dem Nordostmonsum (November bis Februar) ausgesetzt; daher ist die See fast das ganze Jahr über rau. Von März bis Mai ist es gewöhnlich ruhiger, und der Himmel ist klar. Die Lufttemperaturen liegen bei 32–35 °C und das Meer bei 26–30 °C.

Beste Reisezeit: Das Riff ist nur von März bis Mai zugänglich.

Anreise: Schiffe für Tauchreisen operieren von Puerto Princesa auf Palawan aus oder von Iloilo auf Panay. Beide Orte werden von Manila aus täglich angeflogen.

Genehmigungen: Werden von den Tauchveranstaltern eingeholt. Um Störungen der brütenden Vögel zu vermeiden, darf man die Inseln gewöhnlich nicht betreten.

Ausrüstung: Einige Schiffe haben Tauchausrüstungen an Bord. Klären Sie dies vor der Abfahrt und nehmen Sie ggf. Ihre eigene Ausrüstung mit. Kamera, Kopfbedeckung, Badekleidung, Sonnencreme mit hohem Lichtschutzfaktor, Lesestoff und Mittel gegen Seekrankheit mitbringen.

Einrichtungen: Übernachtung und Verpflegung an Bord. Die Tauchführer kennen das Riff gut. Fest verankerte Bojen für die Tauchschiffe.

Flora und Fauna: Hier gibt es alles, was man sich an Leben unter Wasser vorstellen kann! Mehrere Hai- und Schildkrötenarten, Makrelen, Barrakudas und ein breites Spektrum von Riff-Fischen.

Aktivitäten: Tauchen, Fotografieren.

Fischlarven werden von hier mit der Strömung nach Westen getragen. Das Riff stellt somit nicht nur eine einzigartige Unterwasserwelt dar, sondern ist auch eine wichtige Komponente für die Wirtschaft der Küsten.

Schutzmaßnahmen am Riff

Seine isolierte Lage weitab in der Sulu-See und in Gewässern, die neun Monate im Jahr recht rau sind, ist der beste natürliche Schutz für das Tubbataha Reef. Dennoch stieg in den 1980er-Jahren die Zahl der Fischer, die hier mit Dynamit und Zyanid fischten. Angesichts der enstandenen Schäden wurden rasch Schritte unternommen, das Riff zum Meeresnationalpark zu erklären. Obwohl Studien gezeigt haben, dass das Riff sich zu erholen beginnt, ist die Bedrohung noch keineswegs vollständig abgewendet. Nun, da die Verwaltung dem Palawan Council for Sustainable Development (PCSD) untersteht und das Riff mit regelmäßigen Patrouillen überwacht wird, steht zu hoffen, dass sein Schutz weiter verbessert werden kann. Zusätzliche Hoffnung und Aufwertung brachte 1993 die Entscheidung der UNESCO, das Riff zur World Heritage Site zu erklären.

Oben: *Ein Noddi auf Bird Islet; die kleine Insel ist ein bedeutender Nist- und Ruheplatz für Meeresvögel.*

Schwarzspitzenhaie, Graue Riffhaie und Leopardenhaie, mindestens zwei Delphinarten, gelegentlich kleine Wale, Riesenmantas, Grüne Meeresschildkröten und Echte Karettschildkröten sind hier anzutreffen.

Die Jungfischproduktion des Tubbataha Reef bildet die wesentliche Grundlage der Fischereiindustrie von Palawan, denn die

Tauchgänge am Tubbataha Reef

Abgesehen von den Schäden durch Dynamitfischerei gehört das Riff noch immer zu den herausragenden Tauchgebieten Südostasiens. Durch seine Isolation ist es jedoch schwer zu erreichen. Die einzige Möglichkeit, hier zu tauchen, besteht im Rahmen von 4–5-tägigen Reisen an Bord von Tauchschiffen, die von Puerto Princesa oder Iloilo aus operieren – und auch das nur in den Monaten März bis Mai.

Um Schäden durch Schiffsanker zu minimieren, müssen die Tauchschiffe an einer der wenigen fest veranker-

Oben rechts: *Die nur wenige Zentimeter langen Soldatenfische bewohnen alle philippinischen Riffe und sind am Tubbataha Reef in besonders großer Zahl heimisch.*

Rechts: *Eine Grauer Riffhai patrouilliert durch die tiefen Gewässer rund um das Riff. Auf jedem Tauchgang am Tubbataha Reef begegnet man Haien.*

ten Bojen anlegen. Von hier werden die Taucher mit Bei-
booten zu den Tauchplätzen gebracht. Bei jedem Tauchgang setzt das Boot die Taucher über der Riffkrone ab,
und gemeinsam taucht die Gruppe in blaue Tiefen hinab.
Auf der einen Seite liegt die senkrechte Wand voller
Überhänge, Vorsprünge und Höhlen mit ihren dichten Be-
ständen von Korallen und Schwämmen. Auf der anderen
Seite ist ein bodenloses blaues Nichts, aus dem gelegentlich Schulen von Makrelen und Barrakudas aufsteigen sowie einzelne Haie und Gruppen von Riesenmantas.

Das Wasser ist völlig frei von Sedimenten, und die
Sichtweite beträgt gewöhnlich deutlich über 30 m. Überall gibt es Riff-Fische – eine gewaltige Ansammlung farbenprächtigen Lebens in leuchtenden Grün- und Blautönen mit Flecken und Streifen in Orange und Gelb. Auf den
flacheren Bereichen des Riffs stehen Steinkorallen in großer Zahl, und auf sandigen Böden sieht man häufig Meeresschildkröten und Leopardenhaie. Jeder einzelne
Tauchgang in dieser wundersamen Unterwasserwelt ist
mit Sicherheit ein unvergessliches Erlebnis!

Oben: *Das Inselchen Bird
Islet am Nordatoll ist fast
kreisrund und von blen-
dend weißem Sandstrand
umgeben. Die Vegetation
bietet den vielen hier
heimischen Vögeln guten
Schutz.*

Links: *Eine Gruppe japani-
scher Taucher vor Bird
Islet; zum Schutz der in
Kolonien brütenden Vögel
ist der Zugang zur Insel
nur eingeschränkt möglich.*

Ganz oben: *Am Ende eines Tauchgangs wird das Atem-gerät ins Boot gehoben.*

Oben: *Riesenmantas sind ein majestätischer Anblick, der am Tubbataha Reef keine Seltenheit ist.*

Links: *Sonnenuntergang bei Bird Islet, dem nördlichsten Punkt des Tubbataha Reef.*

St Paul's Underground River National Park

Eine überflutete Höhle inmitten von Wäldern

Dieser gut geschützte Nationalpark, der auch unter der Bezeichnung St Paul's Subterranean River National Park bekannt ist, liegt an der Westküste von Palawan, 81 km nördlich der Provinzhauptstadt Puerto Princesa. Er hat interessanten Regenwald auf Kalksteinboden, eine eindrucksvolle Küstenlandschaft und einen unterirdischen Fluss zu bieten, der auf einer Länge von acht Kilometern durch eine Kalksteinhöhle fließt, bevor er in eine vom Meer getrennte Lagune mündet. Die Umgebung besteht aus zerklüfteten, bewaldeten Karsthügeln. Mehrere Wege laden zu interessanten Wanderungen ein. Der Park wurde 1971 eingerichtet und steht unter der Verwal-

tung des Palawan Council for Sustainable Development (PCSD). Er hat eine Fläche von 5750 ha, zu der noch ein 290 ha großes Meeresgebiet zum Schutz der Küstenlinie und der vorgelagerten Korallenriffe hinzukommt.

Ein zerklüftetes Karstgebirge

Die höchste Erhebung im Park ist der Mount St Paul (1028 m). Britische Soldaten, die 1850 an Bord der »HMS Royalist« diese Küste erforschten, gaben dem Berg seinen Namen, denn der kuppelförmige Umriss des Berges erinnerte sie wohl an die Londoner St Paul's Cathedral.

Heute steht der Park an oberster Stelle der Besucherattraktionen von Palawan, obwohl das Gebiet weit mehr als nur ein Besichtigungsobjekt ist. Der dichte Regenwald ist von großer Bedeutung für die Wildtiere der Region, auch wenn weite Bereiche außerhalb der Parkgrenzen ebenfalls noch bewaldet sind. Die Batak betrachten die Region zudem als Land ihrer Ahnen. Dem nur noch 350 Menschen zählenden Volk droht aufgrund fortschreitender Assimilierung an die Kultur der Siedler, die sich in zunehmendem Maße hier niederlassen, der endgültige Verlust seiner kulturellen Identität.

Der unterirdische Fluss wird vom Cabayugan River gespeist, einem von mehreren Abflüssen der Karsthügel. Das Wasser dringt durch das poröse Kalkgestein und sammelt sich in den Hohlräumen der Hügel, bevor es ei-

Gegenüber oben: An der dicht bewaldeten Küste des St Paul's Underground River National Park wechseln sich felsige Abschnitte und Sandstrände ab.

Gegenüber unten: Der Eingang zum unterirdischen Fluss.

Oben rechts: An der Stelle, an der der Pfad den Strand verlässt und in dichten Wald einbiegt, heißt ein Schild die Besucher willkommen.

Lage: An der Westküste von Palawan, 81 km nördlich von Puerto Princesa und 4 km östlich des Küstendorfes Sabang.

Klima: Regenzeit von Ende Mai/Anfang Juni bis September/Oktober, Trockenzeit November bis Mai. Die Tagestemperaturen liegen bei 30–35 °C; am kühlsten ist der Januar, am heißesten der Mai.

Beste Reisezeit: In der Trockenzeit, da die Straße von Puerto Princesa nach Sabang bei schweren Regenfällen unpassierbar ist. Die beste Zeit ist Februar bis April.

Anreise: Täglich Flüge von Manila nach Puerto Princesa. Hier bieten einige Hotels und Reiseveranstalter täglich Touren nach Sabang und in den Nationalpark an. Ein anderer Veranstalter, Go Palawan, unterhält einen Minibus, der jeden Tag nach Sabang fährt. Der öffentliche Verkehr besteht aus sehr langsamen und unzuverlässigen Jeepneys. Von Sabang kann man zu Fuß in den Park gehen oder am Kai ein Boot mieten.

Genehmigungen: Im Nationalparkbüro in Puerto Princesa oder bei der Ranger-Station in Sabang erhältlich.

Ausrüstung: Wanderschuhe, Taschenlampe, Insektenschutzmittel, Malariaprophylaxe, Badekleidung.

Einrichtungen: Übernachtungsmöglichkeiten in Puerto Princesa und Sabang; Mietboote von Sabang in den Park; gut markierte Waldwege; organisierte Bootsfahrten auf dem unterirdischen Fluss.

Flora und Fauna: Javaneraffen, Bindenwarane, Großfußhühner, Insekten fressende Fledermäuse, Salanganen und Waldvögel.

Aktivitäten: Vogelbeobachtung, Schwimmen, Bootsfahrten in der Höhle, Wandern.

Rechts: *Die Türkis-Irene ist in Südostasien weit verbreitet, auf den Philippinen kommt sie jedoch nur auf Palawan vor.*

Unten: *Auch der Zwergotter ist eine südostasiatische Tierart, die ihren Weg bis Palawan gemacht hat, aber in keiner anderen Region der Philippinen heimisch ist. Er lebt in abgelegenen Flüssen und Buchten an der Küste.*

Unten rechts: *Das Vorkommen des Beo auf den Philippinen ist auf Palawan beschränkt. Leider wurde die Art durch den Ziervogelhandel stark dezimiert.*

nen Fluss bildet, der dann durch eine acht Kilometer lange Höhle dem Meer entgegenfließt. Durch den Ausgang der Höhle, ein sechs Meter hohes Portal in einer stark zerklüfteten Kalksteinklippe, tritt der Fluss schließlich zutage. Das Wasser ergießt sich in eine Lagune, die vom Meer durch eine wasserdurchlässige Sandbank getrennt ist, sodass der Fluss am Ende das Meer erreicht.

Vielfältige Fauna

Die Lagune liegt mitten in dichtem Wald, der vom Strand bis hinauf zu den Bergen reicht und überwiegend an das Leben auf der dünnen, trockenen Humusschicht angepasst ist, die typisch für Kalksteinböden ist. Der immergrüne Tiefland-Regenwald enthält zwar viele Dipterokarpazeenbäume, diese erreichen aber aufgrund der dünnen Humusschicht nicht ihre sonst so gewaltigen Höhen. Tiere kommen hier in großer Zahl vor, allen voran die Javaneraffen, die im Wald in der Nähe von Lagune und Strand leben. Die bis zwei Meter langen Bindenwarane sieht man häufig über die Lagune schwimmen. Den scheuen Zwergotter bekommt man nur sehr selten zu Gesicht. Die Höhlen werden von zahllosen Insekten fressenden Fledermäusen bewohnt, die sich in der Abenddämmerung in riesigen Schwärmen auf Nahrungssuche begeben. Sie teilen die Höhlen mit Salanganen, die tagsüber ausfliegen und ziemlich genau dann zu ihren Nestern zurückkehren, wenn die Fledermäuse ausschwärmen.

Die meisten Vogelarten im Park sind Waldbewohner – so auch der Beo, der wegen seiner Fähigkeit, Sprechen zu lernen, gerne als Haustier gehalten wird. Dies hat leider dazu geführt, dass sein Bestand hier mittlerweile gefährdet ist. Weiterhin findet man in diesem Gebiet das Großfußhuhn, einen hühnerähnlichen Vogel, der in den trockenen Blättern auf dem Waldboden nach Nahrung scharrt und seine Eier ausbrüten lässt, indem er sie mit gewaltigen Mengen Erde bedeckt. Auch die Türkis-Irene, ein schillernder blauschwarzer Vogel, der in ganz Südostasien vorkommt, ist hier heimisch. Der auf Palawan endemische Napoleonfasan schließlich lebt ebenfalls in den Wäldern von St Paul's, aber die Chancen, dem äußerst scheuen, nervösen Vogel zu begegnen, sind verschwindend gering.

Streifzüge durch Höhlen und Wälder

Von Puerto Princesa kommend erreicht man das Schutzgebiet über das Dorf Sabang, das nur ein paar Kilometer

westlich des Parks an einem herrlich einsamen Strand liegt. Von hier gelangt man zu Fuß oder mit dem Boot zum Park. Der Fußweg führt zunächst am Strand entlang und dann direkt in den Nationalpark. Auf einem gut ausgebauten Weg geht man durch dichten Wald etwa 4 km bis zur Lagune. Die andere Möglichkeit ist, in Sabang ein Boot zu mieten; nach etwa 15 Minuten ist man in der St Paul's Bay angekommen, steigt am Strand aus und geht etwa 200 m durch den Wald zur Lagune.

Am Ufer der Lagune kontrollieren Park-Ranger die Genehmigungen, dann geht es weiter in einem Auslegerkanu in die Höhle. Die Boote fahren etwa einen Kilometer weit in die Höhle hinein und kehren dann wieder um. Jedes Boot führt eine starke Lampe mit, in deren Licht man einige Tropfsteinformationen sowie die gewaltigen Ausmaße der Höhle erkennen kann.

Außerhalb der Höhle gibt es mehrere gut markierte Wege, auf denen man auch ohne Führer den Wald erkunden kann. Die bekanntesten Pfade sind der Jungle Trail und der Monkey Trail. Javaneraffen, Bindenwarane und verschiedene Waldvögel sind hier häufig zu sehen. Rund um den Picknickplatz, im Wald unmittelbar hinter dem Strand, leben viele Großfußhühner. Ihre großen Nester sind nicht schwer zu finden.

Oben: *Der Strand von Sabang mit dem Mount St Paul im Hintergrund.*

Unten links: *Kanufahrt auf dem unterirdischen Fluss.*

Unten: *Der eindrucksvolle Napoleonfasan ist im Wald nur schwer zu finden ist.*

CORON ISLAND

Die entlegene Heimat der Tagbanua

Die felsige Insel liegt südöstlich von Busuanga, der Hauptinsel der Calamian-Inseln im äußersten Norden von Palawan. Erst in jüngerer Vergangenheit wurden Maßnahmen eingeleitet, Coron Island unter Naturschutz zu stellen. Diese einzigartige Insel, eines der wenigen noch bewaldeten Gebiete der Calamian-Inseln, ist die Heimat seltener Wildtiere sowie des zurückgezogen lebenden Volkes der Tagbanua, einer bedeutenden ethnischen Gruppe von Palawan.

Die Insel und die Gewässer ihrer Umgebung sollen nun – nach anfänglichem Widerstand der Bevölkerung – in das Integrated Protected Areas System (IPAS) aufgenommen und innerhalb dieses landesweiten Systems Bestandteil des mit EU-Mitteln finanzierten National Integrated Protected Areas Programme (NIPAP) werden.

Gegenüber oben: *Dieser schmale, von Kalksteinklippen umgebene Meeresarm ist der Ankerplatz für Ausflüge zum Kayangan Lake.*

Gegenüber unten links: *Eine Tagbanua-Frau reinigt Vogelnester. Der Handel mit den essbaren Nestern trägt erheblich zum Lebensunterhalt der Inselbevölkerung bei.*

Gegenüber unten rechts: *Im Dorf Cabugao knüpft ein Tagbanua-Mann ein neues Fischernetz.*

Oben rechts: *Cashewnüsse sind das Hauptanbauprodukt auf Coron Island.*

Eine reizvolle Karstlandschaft

Die Insel bildet den südöstlichen Abschluss der Coron Bay, die im Norden von der wesentlich größeren Insel Busuanga begrenzt wird. Sie hat eine ganz andere Topografie als ihre Nachbarinseln. Während die Landschaft auf Busuanga und den anderen Inseln der Gruppe von sanften Hügeln geprägt ist, besteht Coron Island im Wesentlichen aus Karstfelsen, die das Inselinnere extrem schroff und undurchdringlich machen.

Viele der nicht ganz so steilen Abhänge in dieser schönen Landschaft sind dicht bewaldet und beheimaten viele Tierarten – darunter seltene Landschildkröten, Papageien, den Palawanhornvogel und etwa ein- bis zweihundert Philippinenkakadus. Von dieser höchst gefährdeten endemischen Vogelart leben landesweit nur noch etwa 1000 bis 4000 Exemplare. Im Innern der Insel erstrecken sich außerdem sieben Seen – typisch für diese Art der Karstlandschaft; die meisten von ihnen sind jedoch ausgesprochen schwierig zu erreichen.

Die Tagbanua auf Coron Island

Auf der Insel leben etwa 1000 Angehörige des Tagbanua-Volkes in zwei Dörfern an der abgelegeneren, dem offenen Meer zugewandten Ostküste. Beide Dörfer – Banuang Daan im Norden und Cabugoa weiter südlich – liegen in den knapp bemessenen flachen Bereichen der Insel, wo Ackerbau möglich ist. Ihre Bewohner leben vom Fisch-

Lage: Eine der Calamian-Inseln nördlich von Palawan; südöstlich von Busuanga, der größten Insel dieser Gruppe.

Klima: Regenzeit von Ende Mai oder Anfang Juni bis Oktober oder November. Während der übrigen Monate trockener, mit leichten Regenfällen im Dezember und Januar. Die Temperaturen variieren zwischen 28°C im Januar und 36°C im Mai. Immer hohe Luftfeuchtigkeit (85–95 %).

Beste Reisezeit: Die kühleren Monate der Trockenzeit.

Anreise: Bei gutem Wetter täglich Flüge von Manila nach Busuanga. Jeepneys verkehren zwischen dem Flughafen und Coron Town. Von der Hauptinsel Palawan aus gibt es zweimal pro Woche Fähren von Taytay und Liminancong (in der Nähe von El Nido) nach Coron Town. Von dort kann man Boote zur Insel Coron mieten.

Genehmigungen: Derzeit für Kayangan Lake nicht erforderlich; fragen Sie vorsichtshalber im Büro des Schutzgebietes in Coron Town nach.

Ausrüstung: Schuhe, die vor den scharfkantigen Kalkfelsen schützen; Badekleidung, Kopfbedeckung, Sonnencreme mit hohem Lichtschutzfaktor, Malariaprophylaxe, Kamera, Fernglas.

Einrichtungen: Büro des Schutzgebietes, Unterkünfte und Tauchanbieter in Coron Town; Mietboote; Fußweg zum Kayangan Lake.

Flora und Fauna: Papageien, Palawanhornvögel, Philippinenkakadus und andere Waldvögel.

Aktivitäten: Vogelbeobachtung, Bootsfahrten, Tauchen, Schwimmen, Schnorcheln.

![Waldansicht auf Kalksteinhügeln]

Oben: *Viele Bäume, die
auf Kalksteinboden ge-
deihen, werfen in der Trockenzeit zum Schutz vor
Austrocknung ihre Blätter
ab.*

fang sowie vom Anbau verschiedener Früchte wie Bananen, Cashewnüssen, Maniok, Kokosnüssen und Mangos.
Einige der dauerhaften Pflanzungen wurden mit finanziel-
ler Unterstützung internationaler Hilfsorganisationen wie
Conservation International angelegt, die Programme ausgearbeitet haben, um der örtlichen Bevölkerung bei der
Entwicklung nachhaltiger und umweltschonender Einkommensquellen zu helfen.

Die Karsthügel der Insel sind voller Höhlen, in denen
Millionen von Salanganen nisten. Mit den äußerst wert-

vollen, essbaren Nestern dieser Vögel erwirtschaften die
Tagbanua einen erheblichen Teil ihres Einkommens. Von
Dezember oder Januar bis April werden die Nester aus
den Höhlen abgesammelt, danach lässt man die Vögel in
Ruhe brüten und ihre Jungen aufziehen.

Die Tagbanua haben tiefen Respekt vor ihrer Umwelt.
Zwar bekennen sie sich heute größtenteils zum Christen-
tum, glauben aber auch an die Beseeltheit der Natur. Sie
tragen unter anderem deshalb viel zum Schutz von Coron
Island bei, weil sie die Seen der Insel als heilige Stätten

Rechts: *Das Orange dieser
Früchte bildet einen hüb-
schen Kontrast zum Grün
des Waldes.*

Ganz rechts: *Der Kapok-
oder Wollbaum mit seinen
auffälligen Blüten liefert
den Rohstoff für Kissen-
und Polsterfüllungen.*

betrachten und sich sehr dafür einsetzen, dass niemand dorthin vordringt und Schaden anrichtet.

Schutzmaßnahmen

Die zerklüftete Landschaft, aber auch der vorsichtige Umgang der Inselbewohner mit der Natur, haben die Wälder von Coron Island vor Zerstörungen bewahrt. Seit den frühen 1990er-Jahren bemühen sich Umweltschützer darum, hier ein neues IPAS-Gebiet zu etablieren. Das Misstrauen der Tagbanua gegenüber Außenstehenden im Allgemeinen und gegenüber der Regierung im Besonderen erschwerte die Umsetzung der Planungen zunächst erheblich. Fortschritte konnten erst erzielt werden, nachdem die Managementpläne durch den örtlichen Priester – einen Amerikaner, der bereits viele Jahre bei den Tagbanua lebt – in die hiesige Regionalsprache übersetzt wurden. Seither scheinen die Einheimischen dem Vorschlag, Coron in ein Naturschutzgebiet umzuwandeln, ihre Zustimmung gegeben zu haben und lassen nun Kontroll- und Schutzmaßnahmen zu.

Das gesamte Schutzgebiet ist 7580 ha groß, wovon Coron Island etwa die Hälfte ausmacht. Die übrige Fläche umfasst die umliegenden Gewässer sowie einige kleinere Inseln, darunter das Inselchen Delian im Südosten, das von Einwanderern aus den Visayas besiedelt wurde. Mit dem Schutz der Gewässer sollen die Korallenriffe, die vor allem im Süden und Osten der Insel liegen, vor Zerstörung bewahrt werden. Die Gesundheit dieser Riffe ist ausschlaggebend für das wirtschaftliche Wohlergehen der Tagbanua. Leider haben Fischer von außerhalb den Riffen mit Dynamit großen Schaden zugefügt. Mit Hilfe des kürzlich hier stationierten Patrouillenbootes wird diesen Fischereimethoden hoffentlich bald ein Ende gesetzt.

Besuche auf der Insel

Die Tagbanua akzeptieren Touristen nur widerwillig. Kayangan Lake, ein reizvoller Fleck an der Nordwestküste, ist die einzige Gegend, die für Besucher geöffnet wurde. Mietboote fahren von Coron Town auf der Insel Busuanga in eine kleine Bucht, die von hohen Kalksteinfelsen umgeben ist. Von einer Anlegestelle führt ein Pfad über einen kurzen, aber steilen Pass hinab in ein Tal. Hier liegt der blaue See, im Sonnenlicht glitzernd und wieder von hohen Klippen umgeben. Man kann hier schwimmen und schnorcheln, und Tauchanbieter in Coron Town organisieren sogar Tauchgänge in den See. Unter Wasser gibt es zwar nicht viel zu sehen, da der See aber von einer heißen Quelle gespeist wird, steigen die Temperaturen mit zunehmender Tiefe und erreichen in 30 m etwa 40 °C.

Oben: *Im kleinen natürlichen Hafen von Banuang Daan hat ein Auslegerboot angelegt.*

Links: *Im Tieflandwald windet sich eine mächtige Liane hinauf zum Blätterdach.*

Calauit Island Wildlife Sanctuary

Ein Stückchen Afrika in Asien

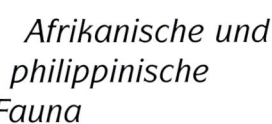

Ganz im Norden der Calamian-Inseln, dem nördlichsten Teil von Palawan, liegt dieses 3750 ha große, höchst ungewöhnliche Tierschutzgebiet. Es wurde 1976 eingerichtet und beheimatet sechs afrikanische Säugetierarten, die hier unter fast natürlichen Bedingungen leben. Auf Calauit bietet sich die einzigartige Gelegenheit, Giraffen und Zebras in einer asiatischen Landschaft zu sehen! Der Schutz, der den aus Afrika eingeführten Tierarten zuteil wurde, kam natürlich auch den einheimischen Tieren zugute, und deshalb gibt es hier eine große Population von Calamian-Schweinshirschen, die ansonsten bereits fast überall ausgerottet sind, sowie eine vielfältige Vogelwelt.

Eine Savannenlandschaft

Die Insel Calauit liegt vor der Nordspitze von Busuanga, der Hauptinsel der Calamian-Gruppe und ist von dieser nur durch einen unberührten, etwa 500 ha großen Mangrovensumpf getrennt. Die Landschaft auf Calauit besteht aus flachen Hügeln, die größtenteils mit sehr dichtem Buschwerk bewachsen sind. An den Küsten wechseln sich Fels- und Sandstrände ab, und davor liegen gesunde Ko-

Gegenüber: Ein Calamian-Schweinshirsch verhofft in der savannenähnlichen Landschaft von Calauit Island.

Oben rechts: Einige der Giraffen von Calauit sind so zahm, dass sie aus der Hand fressen.

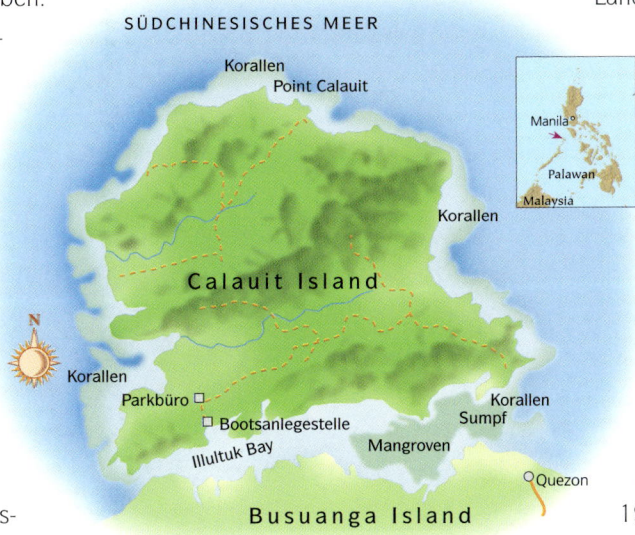

rallenriffe, die ebenfalls in das Schutzgebiet integriert sind.

Einige besonders dichte Buschgebiete sind eingezäunt, aber ansonsten können sich die Tiere frei auf der Insel bewegen. Es ist erstaunlich, wie sie die Landschaft verändert haben: Der Busch ist weitgehend verschwunden und hat einem offenen, savannenähnlichen Habitat mit vereinzelten Baumgruppen und etwas Gebüsch Platz gemacht.

Afrikanische und philippinische Fauna

1977 trafen hier acht afrikanische Säugetierarten aus Kenia ein. Zu jener Zeit standen viele kenianische Tiere unmittelbar vor der Ausrottung, und die Umsiedelung war als Rettungsmaßnahme gedacht. So brachte man Giraffen, Zebras, Wasserböcke, Buschböcke, Elenantilopen, Gazellen, Topis und Impalas hierher – insgesamt 104 Tiere. Die Gazellen starben leider bald aus, weil es unaufhörlich zu intensiven Kämpfen unter den Männchen kam, und die Topis kämpfen derzeit um ihr Überleben, offensichtlich weil es den Zebras Vergnügen bereitet, die Topijungen zu treten und zu beißen! Die anderen sechs Arten haben sich jedoch gut entwickelt. Ihre Zahl ist auf 550 Tiere angestiegen, wobei noch drei der 1977 importierten Tiere leben. Besonders die Wasserböcke und Impalas scheinen sich hier sehr wohl zu fühlen; ihre Herden sind auf 160 bzw. 182 Tiere angewachsen. Am besten zu beobachten sind Giraffen und Zebras.

Lage: Vor der Nordspitze von Busuanga, Calamian-Inselgruppe, dem nördlichsten Teil von Palawan, auf 12°20' nördlicher Breite und 119°55' östlicher Länge.

Klima: Regenzeit von Ende Mai/Anfang Juni bis Oktober/November. Leichte Regenfälle zwischen November und Januar, trocken von Februar bis Mai. Temperaturen 28 bis 36°C; am kühlsten ist es im Januar, am heißesten im Mai.

Beste Reisezeit: Die Trockenzeit; April und Mai sind sehr heiß.

Anreise: Täglich Flüge von Manila nach Busuanga Island, danach Übernachtung in Coron Town oder auf Dimakya Island. Von Coron fährt jeden Tag ein Bus nach Quezon; dies ist das nächstgelegene Dorf, von dem aus Mietboote nach Calauit übersetzen. Alternativ kann man in Coron ein Boot für die ganze Tour mieten.

Genehmigungen: Bei der Landung auf Calauit erhältlich.

Ausrüstung: Fernglas, Kamera, Kopfbedeckung, Sonnencreme mit hohem Lichtschutzfaktor, Insektenschutzmittel, Malariaprophylaxe.

Einrichtungen: Die Unterkünfte auf Calauit sind nur für Personal und Wissenschaftler. Besucher können im Luxushotel auf Dimakya Island übernachten; ansonsten gibt es nur in Coron Übernachtungsmöglichkeiten. Fahrten auf einem offenen Lkw auf Calauit.

Flora und Fauna: Viele afrikanische Säugetiere: Giraffen, Zebras, Elenantilopen, Wasserböcke und Impalas. Auch Calamian-Schweinshirsche sieht man häufig. In Gehegen werden Krokodile, Kantschile und Bärenmarder gehalten. Viele Vögel, darunter Tauben, Bienenfresser, Drongos und Greifvögel.

Aktivitäten: Tierbeobachtung, Fotografie.

Oben: *Die Früchte dieser auf Calauit weit verbreiteten Sterculia-Art sind ein Leckerbissen für Giraffen.*

Oben rechts: *Vereinzelte Baumgruppen im Grasland prägen die savannenähnliche Landschaft von Calauit.*

Der Schutz der aus Afrika eingeführten Tiere war auch für die einheimische Fauna sehr wertvoll. Zu Beginn des Projektes lebten auf Calauit gerade einmal 35 Calamian-Schweinshirsche, und dies war bereits die größte überlebende Herde dieser Tierart, deren Vorkommen – wie der Name bereits andeutet – auf die Calamian-Inseln beschränkt ist. Heute ziehen wieder mehr als 1000 Tiere frei über die Insel, und oft sieht man sie ruhig grasend in der Nähe von Giraffengruppen. Einige von ihnen konnten bereits auf andere unbewohnte Inseln ausgewildert werden, um dort wieder neue Herden zu bilden.

Schätzungsweise 120 Vogelarten bevölkern die Busch- und Savannenlandschaft. Viele Vögel wie Bronzefruchttauben, Weißbrauendrossel, Schwarznackenpirole, Drongos und Bienenfresser sind relativ leicht zu beobachten. Zu den häufig sichtbaren Raubvögeln gehören Weißbauch-Seeadler und Philippinen-Schlangenweihe.

Andere philippinische Tierarten werden hier gezüchtet: eine gefährdete Krokodilart sowie die auf Palawan endemischen Bärenmarder und Kantschile. Sie sind in weitläufigen Gehegen untergebracht, die im Tierschutzgebiet verstreut liegen.

1990 zerstörte ein Taifun das Gehege der Kantschile, sodass einige von ihnen entkommen konnten. Ein Studie ergab kürzlich, dass sie sich im Busch von Calauit sehr wohl zu fühlen scheinen. Dies ist ein ermutigendes Zeichen, denn diese scheue Zwerghirschart ist auf den Philippinen so gut wie ausgerottet; nur auf der Insel Balabac ganz im Süden von Palawan haben noch einige Exemplare überlebt.

Das Schutzgebiet wird streng kontrolliert vom Palawan Council for Sustainable Development (PCSD), einer behördenähnlichen Institution, die die meisten Schutzgebiete von Palawan verwaltet.

Problematisch ist, dass 1976 im Zuge der Einrichtung des Tierschutzgebietes alle Bewohner der Insel zwangsweise umgesiedelt wurden. Bis heute kämpfen die Menschen um ihr Recht, auf die Insel zurückzukehren. Die Lage ist so angespannt, dass die Zukunft des Schutzgebietes gefährdet ist. Es wäre zu wünschen, dass eine Einigung mit der Bevölkerung erzielt wird und das Schutzgebiet erhalten bleibt – sowohl als Schutzzone für die einheimische Tierwelt als auch als Exil afrikanischer Säugetiere, was das Gebiet zu einer Besucherattraktion der Region macht.

Rechts: *Ein Krokodil in der Zuchtstation auf Calauit. Diese stark gefährdete Art wird wohl nur durch Nachzucht in Gefangenschaft überleben können.*

Besuche und Touren im Tierschutzgebiet

Calauit bietet die Gelegenheit, im Herzen Asiens an einer »Safari« teilzunehmen, was die etwas mühsame Anreise durchaus wettmacht. Ranger fahren die Besucher auf einem offenen Lkw zu den Tierherden und den Gehegen. Besonders die Zebras und Giraffen haben nur wenig Scheu vor Menschen, und Letztere lassen sich sogar füttern. In der Savannenlandschaft öffnen sich großartige Rundblicke über Grasland und Baumgruppen, mit Herden von Elenantilopen und Gruppen von Zebras. Wo das Grasland besonders offen ist, etwa in der Nähe der Parkbüros, sieht man oft Gruppen von Calamian-Schweinshirschen. Obwohl sie hier heimisch sind, wirken sie in Begleitung der afrikanischen Tiere fremdartig. Dagegen sind die nervösen Buschböcke und die einheimischen Wildschweine nur selten in den dichten Bambushainen zu sehen.

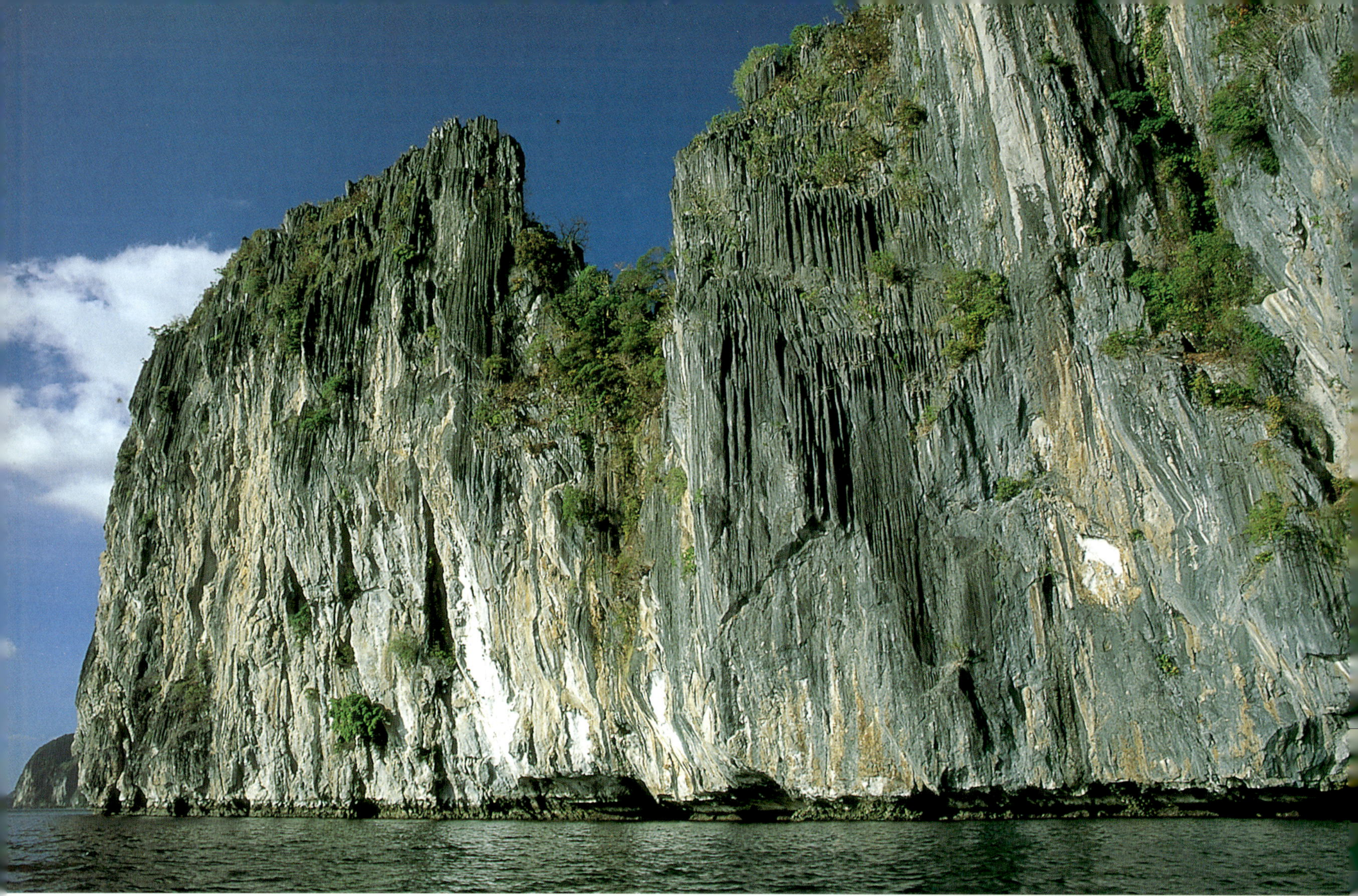

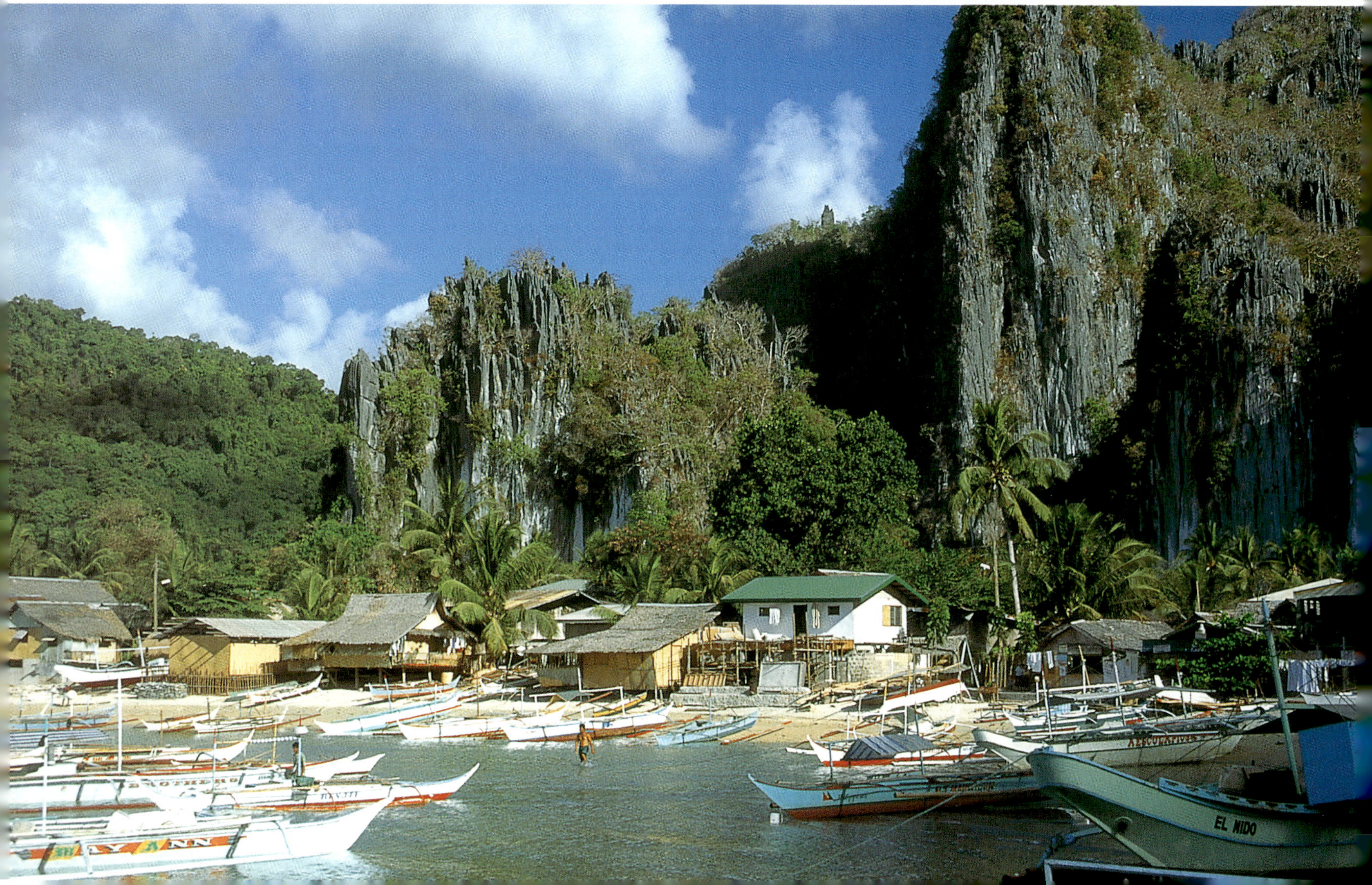
EL NIDO

EL NIDO MARINE RESERVE

Malerische Bucht mit vielen kleinen Inseln

Unweit der Nordspitze von Palawans Hauptinsel liegt eine weite Bucht namens Bacuit Bay, deren Landschaft durch senkrecht aufragende Kalksteinklippen und kleine Strandbuchten geprägt ist. Das Schutzgebiet von El Nido umfasst die Inseln und die Küste dieser Bucht sowie das Hinterland, wo einige Bestände an immergrünem Tiefland-Regenwald eine wichtige Funktion als Wasserspeicher erfüllen. Die Region gehört zu den schönsten Gegenden auf den Philippinen. Das Hauptziel beim Etablieren der El Nido Marine Reserve waren jedoch der Schutz der hier nistenden Meeresschildkröten und des Fischbestandes, der die Lebensgrundlage der Bevölkerung bildet. Kleine Bereiche des Regenwaldes auf dem Festland stehen bereits seit 1935 unter Naturschutz, doch erst 1984 wurde damit begonnen, Schutzmaßnahmen für die Niststrände der Meeresschildkröten einzuleiten. 1991 wurden dann die gesamte Bucht und die Wälder des Wassereinzugsgebietes auf dem Festland zum heutigen Reservat mit einer

Fläche von 89 140 ha zusammengefasst und in das von der EU finanzierte NIPAP-Programm integriert.

Eine Landschaft aus Kalkstein

38 % der Fläche des Reservats umfassen das Festland und 59 % das Meer, während die Inseln nur 3 % ausmachen. Doch gerade diese Inseln machen den besonderen Reiz von El Nido aus; insgesamt soll es 39 geben, doch nur sieben sind größer als 100 ha. Ähnlich steile Klippen, die über Jahrmillionen von Wind und Wetter aus noch älteren Korallenriffen herausgeschnitten wurden, findet man nirgendwo sonst auf den Philippinen. Vielmehr ähnelt die Landschaft den Karstgebirgen in Südchina, was insofern nicht verwundert, als Palawan vermutlich vor langer Zeit ein Teil von Südchina oder Nordvietnam war, der vor 17–40 Millionen Jahren abbrach und auf seine gegenwärtige Position driftete.

Einige der Inseln sind kaum mehr als zerklüftete Felsen, die aus dem Meer herausragen – so etwa die drei Klippen von Tres Marias. Größere Inseln wie Cadlao, Langen oder Malapacao sind mit Wäldern bedeckt und werden von einem oder mehreren spitzen Felsen überragt. Ein weiterer Inseltyp besteht aus geradezu abschreckend schroffen Klippen, die mit einer sehr spärlichen, hoch spezialisierten Vegetation bewachsen sind. Zu diesem Typ zählt Miniloc, eine große, von wilden Felsen umgebene Insel, die für ihre beiden reizvollen Lagunen bekannt ist –

Gegenüber oben: Mächtige Kalksteinklippen wie hier bei Langen Island sind typisch für die Inselwelt von El Nido.

Gegenüber unten: Die Ortschaft in der Bacuit Bay ist El Nido, eine kleine, von Kalksteinfelsen umrahmte Siedlung.

Oben rechts: Das Büro des Schutzgebietes an der Hauptstraße von El Nido.

Lage: An der Westküste ganz im Norden von Palawan; der Ort El Nido liegt auf 11°10' nördlicher Breite, 119°20' östlicher Länge.

Klima: Regenzeit von Ende Mai oder Anfang Juni bis November, Trockenzeit von Dezember bis Mai. Temperaturen: 28°C im Januar und bei 36°C im Mai, die Luftfeuchtigkeit bei 80–90%.

Beste Reisezeit: Zu Beginn der Trockenzeit; dann regnet es nicht, ist aber auch noch nicht zu heiß.

Anreise: Täglich Flüge von Manila direkt nach El Nido oder nach Puerto Princesa; von dort mit dem Bus nach Taytay an der Nordostküste von Palawan und weiter mit dem Boot nach El Nido. Zweimal wöchentlich Fähren von Coron auf den Calamian-Inseln nach Taytay und Liminancong (in der Nähe von El Nido); von dort mit dem Mietboot nach El Nido.

Genehmigungen: Nicht erforderlich; das Management des Reservats erwägt, eine Gebühr zu erheben, die im Preis für die Übernachtung enthalten sein soll.

Ausrüstung: Badekleidung, Kopfbedeckung, Kamera, Schuhe zum Wandern im Wald und auf den Klippen, Sonnencreme (hoher Lichtschutzfaktor), Malariaprophylaxe. Tauch- und Schnorchelausrüstung kann gemietet werden.

Einrichtungen: Unterkünfte in El Nido und auf den Inseln; viele Mietboote; Parkbüro in El Nido; Strände im Ort und auf den Inseln; nahe gelegener Flughafen.

Flora und Fauna: Viele Meeresschildkröten; an Land kann man den seltenen Palawanhornvogel sowie Bindenwarane und Javaneraffen sehen.

Aktivitäten: Bootsfahrten, Tauchen, Schnorcheln, Vogelbeobachtung, Wanderungen.

Gegenüber oben: *Die zerklüfteten Felsen von Tres Marias, eines der Wahrzeichen von El Nido.*

Gegenüber unten: *Das Miniloc Island Resort gehört zu den besten Adressen in El Nido.*

Nächste Doppelseite: *Blick bei Sonnenuntergang von El Nido auf Cadlao Island.*

Rechts: *Die Stützwurzeln eines großen Baumes im Tiefland-Regenwald von Langen Island.*

Unten: *Von einer Ufermauer auf Miniloc Island hält ein Riffreiher Ausschau nach Beutefischen.*

zwei versteckte Buchten, die fast vollständig von Klippen umgeben sind. Im Norden liegt El Nido, die einzige Ortschaft des Gebiets, ein verschlafenes, wiederum von Klippen eingerahmtes Dorf mit ein paar Straßen.

Fauna und Flora

Das Ökosystem von El Nido umfasst Korallenriffe und Seegras-Algen-Wiesen, Mangroven und Strandwälder sowie Tiefland-Regenwälder und Wälder auf Kalksteinboden. Auf dem Festland haben Rodungen zwischen den 1970er-Jahren und 1992 nur noch unzusammenhängende Stücke des immergrünen Tiefland-Regenwaldes zurückgelassen, was zu Erosionsschäden und Problemen mit der Wasserversorgung führte. Einige der besten Wälder sind auf den größeren Inseln erhalten.

In den flachen Gewässern sieht man überall eindrucksvolle Korallen, doch in den tieferen Bereichen des Meeres sind fast alle Riffe schwer beschädigt und der Fischbestand ist auf ein gefährlich niedriges Niveau reduziert. Gegenüber den späten 1980er-Jahren haben sich

die Korallen allerdings schon deutlich erholen können. Das bedeutet, dass die Maßnahmen zum Schutz der Meeresschildkröten seit 1984 Früchte zu tragen beginnen. Vier Arten – Echte Karettschildkröte, Grüne Meeresschildkröte, Olivgrüne Bastardschildkröte und Lederschildkröte – nutzen die versteckten Strände zur Eiablage, und die stark gefährdete Seekuh wird regelmäßig in der Bucht gesichtet, wo sie die ausgedehnten Seegraswiesen abweidet. Mindestens zwei Delphin- und zwei Walarten – Großer Tümmler und Spinnerdelphin sowie Brydewal und Buckelwal – besuchen die Region.

Neu eingerichtete Kontrollen der Fischerei und Forstwirtschaft werden hoffentlich dazu beitragen, dass die Korallenriffe sich weiter erholen und die Böden sowie die Wasserversorgung auf dem Festland stabilisiert werden.

Tourismus in El Nido

Trotz seiner isolierten Lage bringt die Entdeckung des »Tropenparadieses« El Nido rasch wachsende Touristenzahlen mit sich; derzeit kommen etwa 20 000 Besucher pro Jahr. Zwar bestehen Pläne für größere Projekte, aber bislang sind die touristischen Einrichtungen noch überschaubar. Es gibt einfache Strandhotels auf mehreren Inseln und auf dem Festland südlich der Ortschaft El Nido sowie einige billige Unterkünfte im Ort selbst.

Zu den schönsten Ausflugszielen gehören die beiden kristallklaren, türkisfarbenen Lagunen von Miniloc Island, die von steilen Klippen mit dichter Vegetation überragt werden. Meeresschildkröten sind hier oft zu sehen. Viele Inseln haben einsame Strände, zu denen man sich mit einem Boot bringen lassen kann, um für ein paar Stunden Robinson Crusoe zu spielen. Auf manchen Inseln kann man auch den dichten Regenwald erkunden – vorausgesetzt, es gibt einen Weg, wie etwa auf Langen Island, hinter dem neuen Ten Knots' Langen Island Resort.

Taucher sollten keine allzu hohen Erwartungen an das Gebiet stellen, denn außer von Meeresschildkröten gibt es hier nicht viel zu sehen. Einige Flachwasserbereiche, wie etwa rund um Tres Marias, haben jedoch hervorragende Korallenbestände und laden zum Schnorcheln ein.

Zusammenfassung der Schutzgebiete

Die folgende kurze Zusammenfassung umfasst alle bereits bestehenden und derzeit entstehenden Schutzgebiete. Die meisten sind in diesem Buch beschrieben und für Besucher geöffnet. Die Einrichtungen sind meist sehr einfach. Weitere Angaben finden Sie in den »Besucherinformationen« zu Beginn der jeweiligen Gebiete. Es empfiehlt sich, vor Betreten der Parks das örtliche Naturschutzbüro aufzusuchen. Die Flächenangaben sind gerundet.

Luzon

Bataan Natural Park (23 700 ha). Provinz: Bataan. Besteht seit 1945. Gebirgige Landschaft vulkanischen Ursprungs mit Dipterokarpazeen-, Berg- und Mooswäldern. Gebiet mit höchster Schutzpriorität.

Batanes Protected Landscapes & Seascapes (Land: 23 000 ha, Wasser: 450 000 ha). Provinz: Batanes. Besteht seit 1994. Tiefland-Regenwälder, reizvolle Küste mit vorgelagerten Korallenriffen und Fischgründen. Gebiet mit höchster Schutzpriorität.

Bulusan Volcano National Park (3700 ha). Provinz: Sorsogon. Besteht seit 1935. Aktiver Vulkan mit schönen Seen, Grasland, Tiefland- und Berg-Regenwald.

Hundred Islands National Recreation Area (1850 ha). Provinz: Pangasinan. Besteht seit 1966. Hübsche Inseln aus korallinem Kalkstein und Felsen im Golf von Lingayen.

Mayon Volcano National Park (5460 ha). Provinz: Albay. Besteht seit 1938. Aktivster Vulkan der Philippinen, brach zuletzt im März 2000 aus. Oberhalb der Stadt Legaspi.

Mount Arayat National Recreation Area (3700 ha). Provinz: Pampanga. Besteht seit 1933. Erloschener Vulkan, der sich aus der Ebene von Zentral-Luzon erhebt.

Mount Banahaw National Park (11 130 ha). Provinzen: Laguna und Quezon. Besteht seit 1941. Mächtiger, aktiver Vulkan; gilt als heiliger Berg. Am Hauptwanderweg ist der Wald gerodet. In entlegeneren Gebieten haben Berg- und Mooswälder überlebt.

Mount Data National Park (5510 ha). Provinz: Mountain. Besteht seit 1940. Reste von Kiefern- und Mooswäldern.

Mount Isarog National Park (10 000 ha). Provinz: Camarines Sur. Besteht seit 1938. Erloschener Vulkan mit Berg- und Mooswald. Gebiet mit intensiver biologischer Forschungstätigkeit.

Mount Makiling Forest Reserve (4200 ha). Provinzen: Laguna und Batangas. Besteht seit 1933. Schlafender Vulkan mit heißen Quellen, bedeckt mit Dipterokarpazeen- und Bergwäldern. Wichtiges Gebiet für biologische Forschungen; beherbergt den Makiling Botanical Garden und das Philippine Raptor Center.

Mount Pulag National Park (11 500 ha). Provinzen: Benguet, Nueva Vizcaya und Ifugao. Besteht seit 1987. Höchster Berg von Luzon mit endemischer Fauna, Kiefern- und Mooswäldern sowie Grasland mit Zwergbambus. Eines von acht Gebieten im National Integrated Protected Areas Programme (NIPAP).

Northern Sierra Madre Natural Park (360 000 ha). Provinz: Isabela. Besteht seit 1997. Gebirge, Tiefland-Regenwald, Mangroven, Strandwald, Korallenriffe, vielfältige Fauna – darunter der Philippinenadler. Gebiet mit höchster Schutzpriorität.

Quezon National Park (985 ha). Provinz: Quezon. Besteht seit 1941. Tiefland-Regenwald mit schweren Rodungsschäden.

Subic Watershed Forest Reserve (10 000 ha). Provinzen: Bataan und Zambales. Besteht seit 1992. Immergrüner Tiefland-Regenwald, Mangroven, Strandwald; viele, leicht zu beobachtende Tiere, darunter bedeutende Kolonien von Flughunden. Zusammen mit dem Bataan Natural Park eines von zehn Gebieten mit höchster Schutzpriorität.

Taal Volcano National Park (4540 ha). Provinz: Batangas. Besteht seit 1967. Kratersee mit einer Insel, auf der sich einer der gefährlichsten und aktivsten Vulkane des Landes erhebt. Beliebtes Wandergebiet.

Mindoro

Apo Reef Marine Natural Park (15 800 ha). Provinz: Occidental Mindoro. Besteht seit 1978. Ein ausgedehntes Atollriff 30 km westlich der Küste von Mindoro. Wichtiger Fischgrund und Gebiet mit höchster Schutzpriorität.

Mount Calavite National Park (17 000 ha). Provinz: Occidental Mindoro. Besteht seit 1920. Gebirgige Landschaft, überwiegend Grasland mit einigen Waldresten. Bedeutend wegen seiner Tamarau-Population.

Mount Malasimbo Biosphere Reserve (Größe unbekannt). Provinz: Oriental Mindoro. 1973 von der UNESCO unter Schutz gestellt. Gebirge mit gesundem Wald und Resten von Berg- und Tieflandwäldern.

Mounts Iglit-Baco National Park (75 500 ha). Provinzen: Occidental und Oriental Mindoro. Besteht seit 1970. Raue Berglandschaft mit dem zweithöchsten Berg von Mindoro. Mischung aus Tiefland-, Berg- und Mooswäldern sowie Grasland. Heimat des endemischen Tamarau. Eines von acht Gebieten im National Integrated Protected Areas Programme (NIPAP).

Naujan Lake National Park (21 650 ha). Provinz: Oriental Mindoro. Besteht seit 1956. Großer See vulkanischen Ursprungs, bedeutender Fischgrund, viele Stelzvögel.

Puerto Galera Marine Reserve (Größe unbekannt). Provinz: Oriental Mindoro. 1973 von der UNESCO unter Schutz gestellt. Eindrucksvolle, gut geschützte Korallenriffe, reich an Fass-Schwämmen und Seefächern.

Sablayan Watershed Forest Reserve (Größe unbekannt). Provinz: Occidental Mindoro. Zeitraum des Bestehens unbekannt. Geschützter Teil der Strafkolonie von Sablayan, bestehend aus einem See und Tiefland-Dipterokarpazeenwald. Endemische Vögel; Flughunde; angeblich Heimat einer gesunden Tamarau-Population.

Westliche & Zentrale Visayas

Apo Island Protected Landscape & Seascape (Land: 75 ha, Wasser: 284 ha). Provinz: Negros Oriental. Meeresreservat seit 1985; die gesamte Insel steht seit 1995 unter Schutz. Eine felsige Insel, umgeben von exzellenten Korallenriffen.

Central Cebu National Park (etwa 6900 ha). Provinz: Cebu. Besteht seit 1937. Einst dicht bewaldetes Gebirge, jetzt schwer geschädigt. Die verbliebenen Waldreste sind als letzte Heimat mehrerer endemischer Vogelarten von Cebu, beispielsweise des Rotbauch-Mistelfressers, von unschätzbarem Wert.

Danjugan Island Marine Reserve & Wildlife Sanctuary (Land: 75 ha). Provinz: Negros Occidental. Besteht seit 1999. Kleine Insel mit Regenwald und Mangroven, umgeben von attraktiven Korallenriffen.

Mount Guiting Guiting Natural Park (15 700 ha). Provinz: Romblon. Besteht seit 1996. Der Berg, der die Insel Sibuyan dominiert, erhebt sich von Meereshöhe auf 2050 m; bedeckt mit Tiefland-, Berg- und Mooswald, Heimat endemischer Tierarten. Eines von acht Gebieten im National Integrated Protected Areas Programme (NIPAP).

Mount Kanlaon Natural Park (24 600 ha). Provinzen: Negros Oriental und Negros Occidental. Besteht seit 1934. Aktiver Vulkan und höchster Berg der Visayas. Tiefland-Dipterokarpazeenwald, Berg- und Mooswälder. Gefährdete endemische Tierwelt, darunter der Prinz-Alfreds-Hirsch und das Pustelschwein. Eines von zehn Gebieten mit höchster Schutzpriorität.

Northern Negros Forest Reserve (86 600 ha). Provinzen: Negros Oriental und Negros Occidental. Besteht seit 1935. Gebirge mit zwei erloschenen Vulkanen. Tiefland-Dipterokarpazeenwald, Berg- und Mooswälder. Gefährdete endemische Tierwelt, darunter Prinz-Alfreds-Hirsch und Tariktikhornvogel.

Olango Wildlife Sanctuary (920 ha). Provinz: Cebu. Besteht seit 1992 und wurde 1994 zum Ramsar-Gebiet erklärt. Mangroven und Sümpfe, lebenswichtig für Zugvögel.

Pescador Island Marine Reserve (Größe unbekannt). Provinz: Cebu. Zeitraum des Bestehens unbekannt. Spitze eines unterseeischen Berges, der eine Insel bildet; umgeben von unberührten Korallenriffen und Steilwänden, die in tiefes Gewässer abfallen.

Southern Negros Forest Reserve (4000 ha). Provinz: Negros Oriental. Besteht seit 1967 (nur das Gebiet um die Twin Lakes). Erloschener Vulkan mit Seen und Dipterokarpazeen-, Berg- und Mooswald.

Taklong Island Marine Reserve (1150 ha). Provinz: Guimaras. Besteht seit 1990. Kleine Insel vor der Südspitze von Guimaras, umgeben von Mangroven und Korallenriffen.

Östliche Visayas & Mindanao

Agusan Marsh Wildlife Sanctuary (19 200 ha). Provinz: Agusan del Sur. Besteht seit 1998. Weitläufiger Süßwassersumpf mit Sumpfwald und reicher Fauna. Eines von zehn Gebieten mit höchster Schutzpriorität.

Balicasag Island Marine Reserve (Wasser: 150 ha). Provinz: Bohol. Besteht seit 1986. Korallenriffe und steil abfallende Wände rund um eine winzige, flache Insel.

Mount Apo Natural Park (72 110 ha). Provinzen: Davao City, Davao del Sur und North Cotabato. Besteht seit 1936. Erloschener Vulkan und höchster Berg der Philippinen. Bedeckt mit Dipterokarpazeen-, Berg- und Mooswäldern. Endemische Fauna, darunter der Philippinenadler. Eines von zehn Gebieten mit höchster Schutzpriorität.

Mount Kitanglad Range Natural Park (30 650 ha). Provinz: Bukidnon. Besteht seit 1990. Raue Bergwelt mit dem zweithöchsten Gipfel der Philippinen. Dipterokarpazeen-, Berg- und Mooswälder. Reiche Vogelwelt, darunter der Philippinenadler. Eines von zehn Gebieten mit höchster Schutzpriorität.

Mount Malindang National Park (53 260 ha). Provinz: Misamis Occidental. Besteht seit 1971. Großes Gebirge mit Berg- und Mooswald.

Eines von acht Gebieten im National Integrated Protected Areas Programme (NIPAP).

Pamilacan Island Marine Reserve (Wasser: 340 ha). Provinz: Bohol. Besteht seit 1985. Verstreute Korallenriffe, deren angrenzende Gewässer von Walen, Delphinen, Haien und Riesenmantas aufgesucht werden.

Rajah Sikatuna National Park (9000 ha). Provinz: Bohol. Besteht seit 1987. Hügelige, bewaldete Karstlandschaft. Große Vogelpopulation.

Siargao Island Protected Landscapes & Seascapes (67 725 ha). Provinz: Surigao del Norte. Besteht seit 1996. Auf den Insel Siargao: Reste von Tiefland-Regenwäldern, Mangroven, reizvolle Küste, Korallenriffe. Eines von zehn Gebieten mit höchster Schutzpriorität.

Sohoton National Park (840 ha). Provinz: Western Samar. Besteht seit 1935. Karstlandschaft mit Schlucht, Höhlen und natürlicher Brücke; Wald auf Kalksteinboden.

Turtle Islands Wildlife Sanctuary (138 360 ha). Provinz: Tawi-Tawi. Initiativen, das Gebiet unter Schutz zu stellen, wurden 1995 aufgenommen, sind aber noch nicht abgeschlossen. Sechs Inseln in der Sulu-See; gemeinsam mit ähnlichen Inseln auf malaysischem Territorium transnationales Schutzgebiet. Gehört zu den letzten Nistgebieten der Grünen Meeresschildkröte in der ASEAN-Region. Eines von zehn Gebieten mit höchster Schutzpriorität.

Palawan

Calauit Island Wildlife Sanctuary (3750 ha). Provinz: Palawan. Besteht seit 1976. Einzigartige Savannen- und Buschlandschaft mit afrikanischen Tieren. Auch viele philippinische Tierarten, darunter der Calamian-Schweinshirsch.

Coron Island (7580 ha). Provinz: Palawan. Noch nicht vollständig als Schutzgebiet etabliert. Karstlandschaft mit schönen Seen. Dichte Wälder mit seltenen Tieren. Korallenriffe mit bedeutenden Fischgründen. Aus Rücksicht gegenüber der Tagbanua-Bevölkerung größtenteils für Besucher unzugänglich. Eines von acht Gebieten im National Integrated Protected Areas Programme (NIPAP).

El Nido Marine Reserve (89 140 ha). Provinz: Palawan. Besteht seit 1991. Für ihre schönen Inseln bekannte Bucht mit Kalksteinklippen und Stränden. Viele Meeresschildkröten und einige Seekühe. Tiefland-Regenwald. Eines von acht Gebieten im National Integrated Protected Areas Programme (NIPAP).

Malampaya Sound (90 000 ha). Provinz: Palawan. Noch nicht vollständig geschützt. Eine riesige Bucht mit bedeutenden Fischbeständen, umgeben von intakten Dipterokarpazeenwäldern. In den inneren Bereichen der Bucht finden sich einige der größten naturbelassenen Mangrovenbestände des Landes.

St Paul's Underground River National Park (5750 ha). Provinz: Palawan. Besteht seit 1971. Eindrucksvoller Fluss, der durch eine Höhle fließt. Umgeben von dichtem Tiefland-Regenwald.

Tubbataha Reef National Marine Park (33 200 ha). Provinz: Palawan. Besteht seit 1988. Ausgedehntes Atollriff im Herzen der Sulu-See. Große Vielfalt an marinen Lebensformen wie Korallen, Fischen, Meeresschildkröten und Haien. Bedeutender Fischgrund. Seit 1993 World Heritage Site.

Ursula Island Wildlife Sanctuary (10 ha). Provinz: Palawan. Besteht seit 1960. Kleine Insel, die für ihre Vogelwelt bekannt ist.

Nützliche Adressen

Glossar

DANKSAGUNG

Nigel Hicks möchte folgenden Personen und Institutionen seinen aufrichtigen Dank aussprechen – ohne sie wäre dieses Buch nicht zu Stande gekommen:

BESONDERER DANK GILT DEN FOLGENDEN ORGANISATIONEN:
Makati Shangri-La Hotel, Manila; EDSA Shangri-La Hotel, Manila; Traders Hotel, Manila; Whitetip Divers, Manila; World Wide Fund for Nature, Philippines; Protected Areas & Wildlife Bureau of the Department of Environment & Natural Resources; NGOs for Integrated Protected Areas Inc; National Integrated Protected Areas Programme; Philippine Department of Tourism, London.

MIT RAT UND TAT STANDEN AUF DEN PHILIPPINEN ZUR SEITE:
Manila Hotel, Manila; Hotel Sofitel Grand Boulevard, Manila; Shangri-La's Mactan Island Resort, Cebu; Bacolod Convention Plaza Hotel, Bacolod; Villa Margherita Hotel, Davao; Asiaworld Resort Hotel Palawan, Puerto Princesa; Sea Breeze Lodge, Coron; Fernando's Hotel, Sorsogon; Philippine Airlines; Philippine Convention & Visitors Corporation; Sorsogon Provincial Tourism Promotion Council; Department of Tourism, Legaspi and Davao offices; Kidapawan Tourism Council, Kidapawan; Whitetip Divers, Dumaguete; Savedra Dive Center, Moalboal; Genesis Divers, Alona Beach; Southern Cruise, Cebu; Philippine Reef & Rainforest Conservation Foundation Inc, Bacolod; Negros Forest and Ecological Foundation Inc, Bacolod; Philippine Eagle Foundation Inc; Haribon Foundation Inc; The Ecology Centre, Subic Bay Metropolitan Authority; Kitanglad Integrated NGOs, Cagayan de Oro; Center for Tropical Conservation Studies, Dumaguete.

UNTERSTÜTZUNG IM ÜBRIGEN ASIEN GEWÄHRTEN:
Cathay Pacific Airlines, Hong Kong; Shangri-La Hotels & Resorts, Hong Kong; Singapore Zoological Gardens; Jurong Bird Park, Singapore.

TATKRÄFTIG UNTERSTÜTZTEN IN GROSSBRITANNIEN:
Fauna and Flora International, Cambridge; World Conservation Monitoring Centre, Cambridge; Bristol Zoo Gardens, Bristol; Rode Bird Gardens, Rode, Bath; Philippine Island Connections, London; Singapore Airlines, London; Coral Cay Conservation, London.

BESONDERER DANK GEBÜHRT AUCH:
William Oliver; Sam Stier; Tammy Mildenstein; Caroline Manuel-Ubaldo; Neil Rumbaoa; Lourdes Tan-Arrieta; Joseph Arias; Gerry Ledesma; Juny Lizares; Lory Tan; Arnoud Steeman; Tony Wood; Sherry Villarin; Mary Claire Babista; Alda Valenzuela, Pamela Palma; Tony Sagun; Ely Alcala; JC Gonzalez; Andy Dans; Antonio de Dios; Ely Alcala; Duncan Bolton; Nigel Collar; Peter Raines; Joanne Watkins.

BILDNACHWEIS
Mit Ausnahme der hier aufgelisteten Bilder stammen alle Fotografien von Nigel Hicks:

Jack Jackson: S. 62 (unten); S. 63 (unten); S. 71 (oben rechts); S. 75 (oben); S. 105 (oben rechts); S. 145 (oben); S. 146 (rechts); S. 148 (Mitte); S. 151 (unten rechts)

Lawson Wood: S. 14 (unten rechts); S. 148 (unten)

Links: *Palmfrüchte, Mt Malindang National Park, Mindanao*